학교
자치

학교 자치를 둘러싼
다양한 시선

학교
자치

김성천, 김요섭, 박세진, 서지연, 임재일, 홍섭근, 황현정
(교육정책디자인연구소)

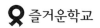 즐거운학교

'학교 자치'가 화두로 떠오르고 있다.

 교육 혁신에 성공적인 선진국들이 교육의 창의성과 유연성을 높이기 위해 과감한 교육제도 분권화를 시도한 것처럼, 문재인 정부도 교육 민주주의 회복을 외치며 중앙 정부의 권한을 시·도 교육청으로 배분하는 자치와 분권 시스템을 구축하고 있다. 한 가지 분명히 해야 할 사실은 자치와 분권의 종착점은 교육청이 아니라 학교라는 점이다.

 학교 스스로 생각하고, 판단하고, 책임지는 시스템을 해방 이후부터 우리는 경험해 본 적이 없다. 상급기관의 지침과 명령에 의존하여 학교를 운영하다 보니 학교는 생각하고 판단하는 능력을 잃어버린 것은 아닐까? 이는 곧 학교 민주주의의 상실을 의미하는데, 이런 학교에서 자란 학생들은 민주시민으로 성장하기 어렵다. 민주주의는 교과서를 통해서 배우기보다는 학교라는 공간에서 자연스럽게 익혀야 하기 때문이다.

이 책은 학교 자치에 대한 목마름을 그리고 있다. 지금은 학생도, 학부모도, 교사도 모두 불만족스럽다. 문서상의 구호에 그치는 학교 자치가 아니라, 삶과 문화와 제도로 재현된 학교 자치는 불가능한가?

이 책 『학교 자치』는 평범한 현장 교사들로부터 기획되었다. 학교에는 교사·학생·학부모의 감정과 문화를 이해하고 다독이며, 함께 가자고 이야기하는 학교 자치에 대한 안내서가 필요하다. 교육청에서 학교 자치를 위한 정책을 도입하고 예산을 배정하여 법제화하는 차원도 중요하지만, 학교 내부에서 주체로서 존중받지 못하고 상처 입은 교사·학생·학부모가 포기하지 않고 지향해야 할 방향으로서의 학교 자치 또한 중요하다. 이를 위해 현재 학교 자치의 수준과 모습을 진단하기 위해 학교의 민낯을 진솔하게 담아내었다. 역동성이 사라진 교직원 회의, 관료주의적 업무 시스템, 우선순위가 뒤바뀐 교사의 일상 등도 함께 그렸다. 학교 자치의 첫걸음으로서 교사의 자존감 하락과 교사 소진 문제를 극복해야 한다고 생각하여 이에 대한 해법을 모색했다.

그러나 학교 자치에 대한 지나친 이상도 금물이다. 학교 자치는 현실의 문제에서 출발해야 한다. 무엇을 준비해야 하는지, 무엇을 조심해야 하는지, 어떻게 실천해야 하는지 냉철한 현장 상황의 복기를 바탕으로 학교 자치의 상을 그려야 한다. 아직 명확하지 않은 학교 자치의 상으로 인해 학교는 혼란스럽기 때문이다. 학교 자치의 목적은 교사의 편의주의를 위해서가 아니라 아이들의 성장에 있다. 이에 교육 주체가 현장에서 느끼는 딜레마에 대해서도 다각도로 진단하였고, 해결 방안을 제시하였다.

학교 자치는 교육과정의 자치로 이어져야 한다. 이는 교육과정에 대한 상상력을 촉발할 것이다. 그리고 학교 자치는 교사 자치가 아니다. 교육 3주체의 자치이며, 학교공동체의 자치이며, 지역사회의 자치이다. 상대적으로 교육 주체로서 참여할 기회가 적었던 학생·학부모·시민사회의 학교 자치에 대한 진단과 요구를 진솔하게 담아내었다.

이 책은 다음 질문의 답을 찾아가는 여정이다.

- 계속되는 학생·학부모·지역사회의 교육적 요구에 부응하기 위해서는 교사의 회복이 필요하다. 자존감이 바닥까지 떨어진 교사가 마음을 치유하고 신뢰를 회복하여 학교 교육활동 주체로 서기 위해서 어떻게 해야 할까?
- 나의 고민이 우리의 고민이 되고, 나의 학생이 우리의 학생이 되어 함께 배움의 길을 찾아가는 학교 자치를 이루려면 어떻게 해야 할까?
- 아이들의 성장을 위해 학생·학부모·교사가 모여 우리 학교에 적합한 교육과정을 자율적으로 정하고, 우리 학교에 맞는 교장·교감을 공동체가 협의하여 선택할 수 있으려면 어떤 지원과 노력이 필요할까?

- 학교를 지배하고 있는 뿌리 깊은 관료적 고리를 끊고, 교사와 학생 관계, 교사와 학부모 관계, 교장·교감과 교사 관계가 수평적이고 민주적으로 이루어지려면 어떤 노력이 필요할까?

이 책의 구성은 다음과 같다.

제1장은 학교 자치를 보는 내부의 시선을 다루었다.

학교에서 교사가 소진되는 이유와 학교 자치가 교육계의 화두임에도 불구하고 교사가 학교 자치를 두 손 들고 환영하지 못하는 이유는 무엇인지, 교사는 왜 학교에서 소진되는지, 이러한 상황에서 왜 학교 자치가 필요한지에 대하여 이야기하였다.

제2장은 학교 자치를 보는 제도적 시선을 다루었다.

학교 자치를 지원하는 교육청의 시선에 대해 서술하고, 학교 자치를 성공으로 이끌 다양한 제도에 대해 제안하였다. 더불어 교육 자치와 학교 자치의 바람직한 관계, 학교 자치의 핵심인 교육과정 자율권에 대해 살펴보았다.

제3장은 학교 자치를 보는 바람의 시선으로 구성하였다.

학교의 또 다른 주체로서 학생과 학부모가 꿈꾸는 학교 자치 모습, 시민사회가 바라는 학교 자치에 대해 진솔하게 담아내었다. 마지막으로 교육 공동체가 바라는 학교 자치를 통해 현장에서 신뢰와 존중에 기초하여 함께 노력하며 가야 하는 학교 자치에 대해 제시하였다.

　이 책은 교사의 눈높이에서 시작하여 학생·학부모·교육청·시민사회에 이르기까지 학교 자치에 대한 다양한 시선과 바람을 담았다. 현장 교사로서 학교에서 경험한 일을 바탕으로 쓰다 보니 다소 거칠고 비판적인 부분이 있고, 주제에 따라 자율과 자치의 개념이 혼재된 부분이 있는 것도 사실이다. 그럼에도 이 책은 학교 자치에 대한 다양한 텍스트를 제시하였는데, 이를 바탕으로 교육공동체의 회복을 위한 담론을 형성하고 현실을 변화시키는 데 조금이라도 기여하면 좋겠다.

　항상 교육과 실천과 정책과 연구의 통합된 삶을 고민하는 교육정책디자인연구소 선생님, 이 책의 기획부터 검토까지 머리를 맞대고 함께 고민해 주신 경기도 정책기획관 연구년 선생님, 마지막으로 대한민국 교사로서 피할 수 없는 제도적 구조에서 상처 입고 아파하고 있을 모든 교사들과 함께 이 책을 나누고 싶다. 학교라는 공간에서 상처 입은 학부모와 학생, 교사, 시민사회 단체 관계자가 존재한다면 이 책으로 다시 희망을 노래하면 좋겠다.

목 차

제1장

학교 자치를 보는
내부의 시선

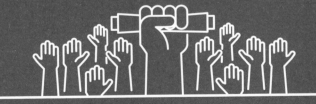

1. 왜 교사는
   소진되는가

2018년 7월, 전남의 한 교사가 교실에서 죽었다. 그녀는 학교가 지옥이라고 했다. 청와대 청원 게시판에도 자주 등장하는 대한민국 교사. 교사에게 현재 학교는 어떤 곳일까?

사회의 축소판인 학교 안의 교사는 국가·학부모·학생 그리고 관리자가 이 시대의 불만을 모두 쏟아부어도 되는 대상이 되어 버린 것 같다. 망가진 작은 사회에 대한 책임은 늘 힘없고 여린 담임의 몫이다. 아무런 보호막 없이 교사에게 희생과 헌신을 요구하는 학교는 잔인하다. 교사는 경쟁과 폭력이 난무하는 상처투성이의 학교에서 아무리 노력해도 제자리에서 외롭게 소진되는 존재가 되어 버렸다.

여기에 교사는 이제 마을까지 담당해야 한다. 이렇게 가다가는 국가를 책임져야 할 수도 있겠다. 한 반의 아이들과 눈을 맞추고 이야기하기도 벅찬데, 이제 지역사회도 돌보고 4차 산업혁명에 따른 국가의 미래까지도 돌보아야 한다. 이렇게 교사는 늘 과부하 상태이다. 권위적이고 관료적인 학교에 대한 회의감이 만연하고, 혁신까지도 경쟁하는 성과주의 문화 앞에서 교사로서의 자존감은 상실되어 가고 있다. 모든 것에 최선을 다하지만, 그렇기 때문에 하루가 다르게 소진되고 있다.

우리에게 해결책은 있는 것일까?

다음은 어느 교사 SNS에 올라온 글이다.

나는 현재 학교에서 행복하지 않다. 나는 학교를 위해 성실히 근무하고, 학생들을 위해 열심히 수업을 하고 있다. 하지만 경력이 높아질수록 나의 열정과 에너지는 밑 빠진 독처럼 줄줄 새어 나가는 것만 같으며, 내가 바라는 학교를 만드는 일은 상상도 할 수 없을 만큼 힘든 것이 되어 버렸다. 왜 나는 지쳐 가는가? 왜 나는 날이 갈수록 학교에서 소외되는 것일까? 도대체 이유가 무엇일까?

학교 자치와 교사 1

학교에서는 괴롭거나 외롭거나

학교는 조직으로 구성되어 있다. 학년으로 나뉘어 있고, 업무 부서별로 잘게 쪼개져 있다. 상황에 따라서는 특수 목적을 가지고 작은 조직을 꾸리기도 한다. 특별한 사안에 대한 TF팀이나 수업을 연구하고자 하는 자생적 모임이 그러하다. 이러한 조직은 서로 연계되어 네트워크를 형성하는데, 각각의 세부 조직들은 서로 의견을 주고받으며 가장 바람직한 의사결정을 하고, 조직이 조직다운 역할을 할 수 있도록 지지대 역할을 해 큰 네트워크를 작동하게 하는 기능을 한다.

여기서 가장 중요한 부분이 바로 의사결정이다. 학교 자치는 이 의사결정과 매우 밀접한 관련이 있다. 즉 학교라는 조직에서 학교 자치가 잘되기 위한 가장 중요한 밴티지 포인트(vantage point)[1]는 바로 의사결정 방식에 있다. 이러한 의사결정 방식 관점에서 조직 구성원들이 체감하는 감정들을 살펴보면, 그 조직이 학교 자치가 잘 이루어지고 있는지 그렇지 않은지 파악하는 데 용이하다.

K교사는 최근 감당할 수 없는 억울함을 호소한 적이 있다. 그는 학교 조직을 위해 자신의 업무와 맡은 수업을 성실히 수행해 왔다. 하지만 함께 협의하는 장소에서 자신의 의견이 번번히 무시당하거나 매번 거대한 집단의 힘에 떠밀리는 듯한 경험을 겪었다고 한다. 이런 일을 지속적으로 경험한 K교사는 협의하기 전 사전 협의가 있다는 것을 감지하게 되었고, 본 회의에서 자신의 의견은 쓸모없는 사견에 지나지 않는 것으로 치부되고 있다는 것을 깨닫게 되었다. 결국, 회의다운 회의는 존재하

---

1 가장 잘 볼 수 있는 지점.

지 않았고, 회의인 듯, 회의 아닌, 회의 같은 회의를 해 왔다는 것을 그는 알아차렸다. 둘 이상이 함께 모여 의사결정을 하는 주된 목적이 '회의'인데, 바람직한 의사결정을 도출하고자 했던 K교사의 바람과 의견은 철벽 방어에 의해 처절히 짓밟히고 뭉개져 의견이 관철될 수 없었다.

철저히 소외당하고 외면당하는 이런 회의는 K교사만이 아니라 다른 교사들도 좌절감을 갖게 한다. 사전 협의(여기서는 부장협의회)는 본 회의의 원만한 진행을 위해 사전에 가닥을 잡아 주는 '마중물' 형태의 선작업이어야 한다. 하지만 중요한 의사결정까지 모두 결정해 버리는 경우가 비일비재하고, 결국 K교사와 같이 회의에서 의견을 말하는 것은 곧 훼방꾼이나 장애요소로 혹은 요주의 인물로 배척되는 상황을 만들어 교사들을 자괴감에 빠뜨린다. 어떤 의견도 관철되지 않는 회의에서 교사들은 소외자로 혹은 패배자로 괴로움을 느끼며 조직 구성원으로 살게 된다.

동료 S교사 역시 같은 괴로움을 경험했다고 한다. 그녀는 학교조직이 회의 조직체로 둔갑한 통보 조직체임을 뼈저리게 느끼고, 이제는 그 어떤 의견도 말하지 않는다고 한다. S교사의 경험에 따르면, 어떤 말을 해도 소용이 없고 오히려 벌떡 교사나 저항세력으로 내몰리게 된다고 한다. 여러 번 상처를 입은 후 이제는 더 이상 의견을 내지 않는다고 한다. 그녀는 회의를 '참석한다'고 표현하지 않고 '관망한다'고 말한다. 사전 협의에 참석한 그들이 어떻게 의사결정을 하는지 그 기운과 분위기를 관망한다는 것이다. 일 년에 수십 번 모여도 똑같이 진행되는 의사결정 방식에 이제 이러한 분위기 파악도 지쳤다고 표현한다. 차라리 회의에 부르지 않았으면 좋겠다고 속마음을 고백하기도 한다. 그녀는 자신의 의견이 무시당하고 비판받는 것에 대한 괴로움보다 이 조직체에서 벗어나 자신다운 자신을 갈구하는 것이 더 낫다고 생각한다.

S교사는 K교사의 괴로움보다는 차라리 외로움이 낫다고 말하며, 학교조직에서의 의사결정은 어차피 관리자의 몫이고 자기들은 들러리에 불과한 존재라고 한탄한다. '어차피' '뻔히' '보나 마나' '그래 봤자'라는 생각들로 머릿속이 꽉 찬 그녀는 "일반 교사는 의사결정에 참여할 수 없는 개미처럼 살아갈 수밖에 없다."고 토로한다. "바위에 달걀을 던지는 기분으로 사느니 그냥 그 달걀을 가지고 있을래요."라는 그녀의 비유가 얼마나 소외당하고 외롭게 지내 왔는지 학교조직의 구성원 측면에서 한없이 가엾기만 하다.

이러한 회의 문화는 학교 곳곳에서 일어난다. 학교조직에서 상위 포지션을 차지하는 관리자 및 관리자의 눈치를 볼 수밖에 없는 부장급 간부들이 사전 작업을 설계하고 회의를 이끄는 문화가 매우 당연하게 형성되어 있다. 이런 회의 문화 속에서 구성원들은 자신의 의견 따위는 중요하지 않다는 패배의식을 경험하게 된다. 이런 문화가 과연 학교조직을 건강하게 이끌어 갈 수 있을까? 학교를 운영하는 데 있어 이러한 의사결정 방식은 과연 지속될 수 있는 것일까? 학교조직이 각각의 세부 조직으로 연계되어 커다란 네트워크를 형성하고 있지만, 이런 비민주적 의사결정 방식 때문에 모두가 연결되고 연대할 수 있는 하나의 큰 조직을 만들어 내지 못한다. 학교조직은 결국 반쪽짜리 학교경영을 할 수밖에 없는 것이다. 학교 구성원의 자존감은 땅에 곤두박질치고, 학교조직의 네트워크는 단절된 현실에서 학교 자치는 실종된 상태이다.

학교 자치와 교사 2
내 영혼도 파시오(fascio)!

비유컨대, 위와 같은 사전 협의회 조직체를 '파쇼(fascio) 집단'이라고 부르기도 한다. 원래는 '묶음'이라는 의미였으나 이 단어에서 '파시즘 (fascim)'이 파생되면서 '결속' '단결'의 뜻으로 전용(轉用)되었다. 파시즘은 제1차 세계 대전 후 이탈리아 무솔리니가 조직한 파시스트당을 중심으로 형성된 정치적 이념으로 '절대 권력을 쥔 독재자가 이끄는 정치체제'를 일컫는다. 그런데 학교조직에도 파쇼가 팽배하게 확산되어 있고, 그 절대 권력에 편승하고 타협하려는 조직 구성원들이 나타났다. 교사의 교육철학, 교육방식 그리고 수업에 대한 다양한 아이디어는 철저히 외면당하는 프레임 속에서 학교 부적응자로 낙인찍히고 싶지 않은 마음에 파쇼 조직에 내 영혼을 팔아야 하는지 고민되는 순간들이 온다.
　한때는 독립투사처럼 교육적 견해와 정정당당한 민주적 방식을 요구하는 누군가가 있었다. 하지만 파쇼 집단의 위력은 한 개인의 온몸에 화살을 꼽기에 충분했다. 그의 올바른 소신은 파쇼 집단에 명확한 먹잇감을 제공하고, 파쇼 집단은 개인이 스스로 휘발되도록 모의하여 더 강력해진다. 그는 오히려 소신과 주관이 몇 번이고 꺾이는 좌절과 체념을 경험한다. 사정이 이러니 적지 않은 교사들이 자신이 일하는 일터에서 잘 적응해야겠다는 이유로 파쇼 집단과 타협하고, 소신을 뒤로한 채 그 알력 작용에 무게를 실어 주게 된다. 이젠 오히려 후배들에게도 이 대세 집단에 들어오라고, 소위 '줄(인맥) 서라'는 식의 세력 확장을 돕는 충실한 하수인이 되는 경우도 심심치 않게 목도할 수 있다. 그렇지 않고 저항하면 불나방처럼 장렬하게 전사하는 상황이니, 학교에서 흉흉한 꼴 안 당하려면 부여잡고 있던 마지막 자존심도 영혼도 탈탈 털어 팔아 달라는 식의 '차라리 내 영혼도 파시오!'라는 자조적인 목소리가 우리 주위에서 왕왕 나오기도 한다.

그들도 처음에는 교육에 대한 불꽃을 품고 학교에 임용되었을 것이다. 하지만 교육의 본질과 동떨어진 승진 점수 체계, 상명하복의 관료적인 교직문화에 물들어 그 권력이 타당한 노력의 결과인 양 행동하게 되었을 수 있다. 우리는 서로 적이 아닌데 이미 만들어진 관료제 권력의 상하관계에서 서로 괴로워할 수밖에 없는 상황에 처해 있게 되었다.

절대적 권력인 파쇼 집단은 과연 무적일 수밖에 없는 것인가?

학교 자치를 위해 파쇼 집단을 없애거나 스스로 정화시키는 방법은 없는 것인가?

우리가 결정할 수 있는 게 하나도 없어요

학교에서 교사의 자율성을 저해하는 요소는 각종 지침과 규제 등을 통해서도 알 수 있다.

원용아(2011)는 교육청으로부터 단위 학교가 얼마나 자율적인지를 분석하기 위해 서울시 성북교육지원청이 관내 S초등학교에 1년 동안 하달하는 공문의 수와 유형을 분류하였다. 그 결과 1년 동안 상위기관에서 단위 학교로 하달되는 공문의 수가 총 9,311건이었고, 그중 이행을 요구하는 공문의 수가 3,693건이었다고 보고하였다. 원용아는 상위 교육행정기관이 공문을 통해 학교의 자율권을 제한하고 학교 운영에 직·간접적으로 관여하고 있다고 보았다.

◆ 상부 교육행정기관의 단위 학교에 대한 관여 메커니즘 ◆

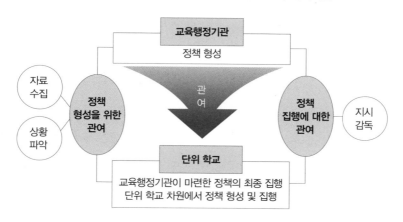

경기 S초등학교 B교감은 표준화된 각종 규제로 인하여 학교 현장에서 자율성을 발휘하기 어려운 점을 호소하고 있다.

교육행정기관에서 학교를 들들 볶는 일을 그만해야 합니다. 우리 학교의 경우 학교로 내려오는 공문 수는 1만 건을 넘고, 비치해야 할 법정·비법정 장부 수는 240개나 되고, 필수 회의록도 30개가 넘어요. 이러한 지침과 장부는 모두 감사 근거가 되지요. 이러한 것들 때문에 학교에서 진짜 중요한 일을 할 수가 없어요.

학교의 자율성을 저해하는 교육행정기관의 관여는 비단 공문과 지침, 법정 장부 등에 국한되지 않는다. 교육행정기관은 또한 많은 사업을 공모 형식으로 운영한다. 학교에서는 공모 사업이 상위 교육행정기관으로부터 예산과 재정을 지원받을 수 있는 몇 안 되는 기회이기도 하고, 또 각종 사업 신청 시 학교 평가에도 긍정적이기 때문에 사업 공모를 신청하는 경우가 많다. 하지만 이런 공모 형식은 여러 가지 면에서 학교에 부담이 된다. 공모 사업 신청뿐만 아니라 결과 보고도 문서 작업이 필수이며, 실적 보고를 위해 보여주기식 운영을 해야 하는 경우도 존재하기 때문이다. 또 일부 학교에서는 학교 구성원들 다수가 반대함에도 불구하고 관리자에 의하여 독단적으로 시행되기도 한다. 이러한 불통(不通)은 구성원들 간의 갈등을 야기하며 생산적 교육활동을 저해하는 요소가 될 수 있다.

국회의원들은 국정 감사 필요 자료라는 명목으로 5개년 치 자료를 내일까지 제출하라는 공문을 아무렇지도 않게 요구하며, 상위 교육청은 책임 면피를 위하여 각종 사항을 보고하라고 요구한다. 교사를 지치게 만드는 행정 업무는 학생 교육과 직접적으로 관련이 없음에도 불구하고 사업의 장소가 학교라서, 또는 인건비 절약 등의 이유로도 발생한다. 돌봄교실, 청소년 단체, 방과후학교 관련 업무 등이 대표적인 예이다. 이 3가지 업무는 공통적으로 교사가 직접적으로 학생을 교육하는 것이 아니며, 모두 방과 후에 진행된다. 또 누구에게도 해당되는 업무가 아니기 때문에 특정 교사에게 업무를 배정하기 어렵다. 따라서 처음에는 승진·전보 내신 가산점을 부여하여 누군가에게 업무를 맡기게 되었고, 이후 학교에서 어느 정도 정착되면 가산점은 슬그머니 사라진다. 게다가 학부모와 지역사회에는 필요한 사업이고, 이미 오랜 기간 누군가가 해 왔던 업무이기 때문에 학교에서는 이러한 사업을 자체적으로 없앨 수도 없다. 그 결과 이러한 업무를 담당하는 교사는 주 업무인 학생을 가르치는 것과는 전혀 상관없는 일 때문에 교재 연구나 생활지도에 집중하지 못하게 되고, 나아가 에너지를 소진하게 된다.

교육행정기관의 공모 정책은 교육부 장관이나 교육감이 보수에서 진보로 바뀌어도 변화되지 않았다. 경기도의 경우 과거 연구학교, 학력중점학교 등을 신청하는 것과 같이 여전히 혁신학교, 혁신공감학교 등을 공모 형식으로 진행하고 있다. 각종 공모 사업을 신청한 학교는 추가적으로 예산을 지원받을 수 있기 때문에 대부분의 학교에서 최소한 1개이상은 공모를 신청하는 것이 현실이다. 이처럼 교육행정기관이 가지고있는 예산 관련 권한은 단위 학교가 여전히 상위 교육행정기관에 종속적일 수밖에 없는 구조를 만든다. 또한 인사·조직 등의 각종 권한 역시학교의 자율성을 저해하는 주요 요인이 될 수 있다.

어떤 문제 사항이 발생 시 학교가 자체적으로 종결할 수 있는 권한을상위 교육행정기관에서 제한할 수 있는 점도 위계적 체계로 인한 문제점이다. 학교 자율화 정책으로 인하여 학교의 의사결정 권한이 많아졌음에도 불구하고 여전히 상위 교육행정기관에 의하여 자체적으로 문제를 종결하지 못하는 경우가 발생한다. 다음 A교사의 사례는 학교폭력대책자치위원회가 학교 폭력을 스스로 종결하지 못한 사례이다.

어느 날 모든 교실 메신저로 CCTV에 찍힌 학생 2명의 모습이 담긴사진 몇 장과 함께 해당 학생들을 반드시 찾으라는 메시지가 왔어요.그 사진에는 학생들의 모습이 정확하게 담겨 있지 않아 누구인지 알수 없었는데, 학생들의 신발과 가방 등은 어느 정도 식별이 가능했던것으로 기억해요. 학교 폭력 담당 선생님께 나중에 들은 이야기로는그 학생들은 6학년 학생으로, 같은 반 학생들의 정보 제공 덕분에 누구인지 알게 되었다고 해요. 그 학생들은 평소에 크게 문제를 일으킨적이 없는 조용한 여학생 2명이었는데, 꽤 심각한 학교 폭력을 저질렀다고 합니다. 이유는 모르겠지만 저학년 여자아이의 집에 들어가서 그 학생을 때리고 머리카락을 가위로 잘랐다고 들었어요. 학교에서는 학교폭력대책자치위원회를 개최하였는데 피해 학부모님께서 강력히 요구하셔서 해당 학생들은 강제 전학 조치가 내려졌다고 해요. 그런데 가해 학생 학부모님들께서 이 결과를 받아들이지 않고 회의 과정에 문제가 있다며 교육청에 지속적으로 민원을 넣었다고 해요. 그 결과 교육청에서 과정이 잘되었는지 감사가 여러 번 실시되었고, 결과 이행 조치가 몇 개월 동안 미뤄졌다고 해요. 그 결과 학폭위에서 결정된 이행 조치가 시행되기 전에 이 학생들이 졸업했다고 들었어요.

― ○○초등학교 교사

학교폭력대책자치위원회는 학교 폭력 사건 발생 시 조사와 심의를 통해 학교 폭력 피해 학생과 학교 폭력 가해 학생에게 적절한 조치를 내리고, 이를 학교의 장이 이행할 것을 요청할 수 있다. 학교폭력대책자치위원회에서 피해 학생의 보호를 위해서 필요하다고 인정하는 때에는「학교폭력예방 및 대책에 관한 법률」제16조 제1항에 의거하여 피해 학생에 대해서 일정한 보호 조치를 취해 줄 것을 학교의 장에게 요청할 수 있다. 그러나 위 사건의 경우 가해 학생 학부모의 지속적인 민원으로 인하여 결국 학교의 조치를 이행하지 못하였다. 이러한 단편적인 사례를 통해서도 상위 교육행정기관의 위력 등이 발생할 경우 여전히 단위 학교에서 자체적으로 문제를 해결하지 못할 수 있음을 엿볼 수 있다.

학교 자치와 교사 4
댁의 교직원 회의는 건강하십니까?

다음은 어느 한 학교의 월요일마다 이루어지는 교직원 회의 모습이다.

교무부장은 교사들을 모으고, 교장과 교감을 의전하며 그들이 앉으면 교직원 회의를 시작한다.

"지금부터 교직원 협의회를 시작하겠습니다. 상호 경례! 각 계에서 전달하실 사항이 있으시면 말씀해 주십시오."

부장이나 각 업무를 맡은 선생님들은 서로 눈치를 보다가 차례로 일어나서 발표를 한다.

"교무부에서 말씀 드립니다. …… 하오니 협조를 부탁 드립니다."

"연구부에서 말씀 드립니다. …… 하오니 협조를 부탁 드립니다."

"생활안전부에서 말씀 드립니다. …… 하오니 협조를 부탁 드립니다."

"정보과학부에서 말씀 드립니다. …… 하오니 협조를 부탁 드립니다."

이어 교감 선생님이 발언한다.

"각 계 전달사항 잘 들으셨지요? 선생님들께서는 바쁘시겠지만 상호 협조를 통해 우리 학교 교육활동이 잘 이루어질 수 있도록 협조를 부탁드립니다."

이어 교장 선생님이 발언한다.

"지난 주 교육청 연수에 다녀왔습니다……. (중략) 날씨가 무덥습니다.

건강에 유의하면서 학교 교육활동에 전념해 주시기 바랍니다."

  10년 전이나 지금이나 똑같다. 이렇게 교직원 회의는 지시사항에서 시작해 지시사항으로 끝나고 만다. 다른 의견을 듣거나 논의할 틈도 없이 회의는 전달 형태의 방식으로 종결된다. 다른 교사들 또한 손을 들고 자신의 의견을 개진하는 사람은 없다. 의사 표현은 교직원 회의를 늦게 끝나게 하는 요인으로 보일 뿐이며, 교직원 회의 분위기를 망치는 원인으로도 보일 수 있기 때문에 의견을 피력하는 교사를 좋은 시선으로 보지 않는다. 그래서 용기 있게 자신의 의견을 개진하는 사람을 '개념이 없네' '본인이 혼자 하면 될 것을!' '아, 저 선생님 또 얘기하시네' 등으로 폄하시킨다. 결국 그 교사는 '이질적인 부적응 교사'가 되어 버린다.

  한편, 승진을 앞둔 부장 교사들은 관리자가 생각해 둔 의사결정에 대해 반기를 드는 것은 '상도덕'이 아니라고 생각해 그 의견이 맞고 틀리고를 떠나 무조건 지지하는 입장에서 의사결정을 부추긴다. 정의롭지 못하고 부적합한 판단 사항임에도 부장 교사 및 승진을 앞둔 교사들은 관리자를 두둔하며, 의사결정을 위한 다수의 찬반 투표에서 온갖 편법을 동원해 사전에 기획된 결정안을 '밀어붙이기' 식으로 결정하는 사례가 허다하다. 이처럼 승진을 추구하는 교사들은 그 어떤 의견이나 목소리를 낼 수 없게 경직된 분위기를 형성하여 그 의사결정을 '날치기' 형태로 처리해 버리는 경우까지도 심심치 않게 목도된다.

  이러한 교직원 회의는 비단 어느 한 학교만의 사례가 아닐 것이다. 대부분의 학교에서 지시사항을 전달하기 바쁜 교직원 회의를 하고 있다. 따라서 의사결정에 불만이 있어도 말 한마디 못 꺼내는 괴로운 교사나 관망하는 외로운 교사는 비합리적인 교직원 회의 문화에 체념한다. 학교 구성원 간에 불신이 가득한 학교에서 조직에 대한 소속감을 갖지 못하는 섬과 같은 존재로 살아가게 된다. 이처럼 교직원 회의는 그 학교의 자치 문화를 판단하는 핵심적인 잣대로 볼 수 있으며, 그 학교의 문화와 분위기, 교육 풍토까지 확인해 볼 수 있는 단서를 제공한다.

학교 자치와 교사 5
교사에게 교육과정 자율이 가능하긴 한가요?

학교는 전문가들에 의하여 느슨하게 결합된 조직이지만(Weick, 1976), 동시에 엄격한 관료제적 특성도 지니기 때문에 이중 조직이라 할 수 있다(Owens, 1987). 이러한 점은 교사를 보면 쉽게 알 수 있다. 교사는 학생들의 성장을 위해 교육과정 운영 및 평가 등에 대하여 전문성을 가지기에 재량권을 발휘할 수 있지만, 이러한 권한은 국가 수준 교육과정 및 시·도교육청의 지침을 준수할 경우에만 가능하다. 또한 교사의 교육과정에서의 자율성은 법이나 지침 외에도 소속 학교장의 교육철학 등에도 직·간접적인 영향을 받는다.
다음 A교사의 사례를 살펴보자.

저희 학교에서는 교육과정 재구성을 교사가 자율적으로 하기 어려워
요. 왜냐하면 학교 특색사업으로 학년별로 일주일에 2번 이상 반드시
주제 통합 수업을 실시해야 하기 때문이에요. 저희 학교 교장 선생님
께서는 교육과정 재구성을 통해 학생의 만족도를 높일 수 있다고 믿고
계셔서 모든 학년이 이러한 사항을 반드시 지켜야 해요. 그러나 제가
이상하게 생각하는 것은 교육과정 재구성이 일주일에 2번 반드시 실시
해야 한다는 점이에요. 통합이 가능한 주제의 경우 당연히 이러한 재
구성이 좋지만, 이것이 매번 정해진 횟수대로 이루어질 수는 없잖아요.
어떤 때는 더 많이 통합해서 수업해야 할 때도 있지만, 반대로 일주일
에 한 번도 주제 통합 재구성을 하기 어려울 때도 존재해요. 또 학년별
로 통합이 가능한 주제가 다를 수밖에 없는데, 학교에서 일괄적으로 동
일한 잣대를 적용하여 교육과정을 재구성해야 하는 점이 부당하다고
생각해요. 저는 교육과정 재구성은 교사 자율에 맡겨야 한다고 생각하
는데 그렇지 못한 현실 때문에 많은 스트레스를 받고 있어요.

― ○○초등학교 교사

A교사의 사례는 학교장의 영향력이 얼마나 큰가를 단편적으로 보여
준다. 학교장의 교육철학은 존중받아야 하지만 교사들과의 협의가 포함
될 때 좀 더 민주적인 학교 자치가 실현될 것이다.

교사의 자율성은 학교장뿐만 아니라 학부모의 요구에도 영향을 받는
다. 교사는 교육과정 재구성의 주체이자 전문가이기 때문에 학생 수준

등 학급의 여러 가지 상황을 고려하여 수업을 재구성하여 운영할 수 있다. 또한 수업에서 교과서는 보조적인 도구일 뿐이기에 교육과정에서 요구하는 성취수준을 달성할 수 있다면 굳이 교과서로 수업을 진행하지 않고 교사 재량으로 수업을 재구성하여 진행해도 무방하다. 그러나 한두 차시가 아닌 한 단원 정도를 통째로 재구성하여 교과서대로 가르치지 않을 경우 일부 학부모들은 학교에서 정상적인 수업을 하지 않는다고 생각하는 경우가 많으며, 심한 경우 민원을 제기하기도 한다. 이러한 이유로 여전히 많은 교사가 수업을 재구성하여 진행한 이후에도 교과서를 다시 훑어 주는 경우가 많다.

또한 교육과정의 자율성을 저해하는 요인으로 새로운 시도를 허용하지 않는 학교 풍토를 들 수 있다.

폭염으로 인하여 힘든 여름에 학생들을 위해 에어바운스를 설치해 물놀이를 하자고 건의했어요. 전 학생들이 좋아할 것이기 때문에 다른 선생님들에게도 지지를 받을 것이라고 생각했지만 의외로 찬성하는 분들이 없더라고요. 교장 선생님께서는 눈병 등이 발생할 경우 책임 소재에 대해 걱정하셨고, 동료 선생님들은 학생 안전 지도나 물을 갈아 주는 일을 본인이 담당하고 싶지는 않다고 하시더라고요.

교육의 특성상 새로운 시도를 한다고 해도 교사들은 어떠한 보상도 받을 수 없다. 그 결과 대다수의 교사들은 기존에 할당된 업무만을 수행하는 소극적인 자세를 견지하게 된다. 또 교사들은 획일적인 교육법이나 학급경영을 무의식적으로 강요받는다. 예를 들어 나만의 학급 특색 사업을 할 때에는 사전에 동 학년에 양해를 구하는 경우가 많은데, 그 이유로 어느 학급에서만 특별한 행사를 할 경우 다른 반 학부모나 학생들의 부러움을 받게 되고 이러한 것들을 동료 교사들이 좋아하지 않을 수 있기 때문이다. 수업 자료나 학급경영 방법을 교사들 간에 공유하는 것은 교직에서 가장 아름다운 문화이긴 하지만, 그렇다고 모든 교사들이 일정한 범위 안에서 개성을 발휘하길 요구받는 것도 교육과정의 자율성을 억제하는 요인 중 하나이다.

학교 자치와 교사 6
나와 너를 연결하는 '신뢰'는 어디로?

언젠가부터 학교에는 서로를 믿지 못하는 분위기가 만연해 있다. 학교를 운영하는 관리자는 교사를 믿지 못하고, 교사는 관리자를 믿지 못하니 좁힐 수 없는 거리감이 존재하는 것이 사실이다. 상대방이 다른 생각을 가지고 있는 것은 아닌지, 곧이곧대로 들으면 나만 순진한 생각을 하는 것은 아닌지에 대한 의심과 불신이 팽배해져 있다. 누구나 한번쯤 학교에 있는 동료 교사나 관리자를 의심해 봤을 것이다. 나도 모르게 그들을 믿지 못하게 되는 이유는 무엇일까? 평소 학교 업무를 하면서 함께 공동의 과업을 해결해 나갔다면 분명 신뢰 관계가 형성될 수 있을 것이다. 하지만 공동체의 경험이 부족하거나 전무하고, 서로 다른 목적을 가진 개인들이 모여 있는 집단이라면 신뢰 관계는 좀처럼 형성되기 어려울 것이다.

학교에서 교사는 크게 두 부류로 나뉜다. 관리자와 승진을 목표로 하는 일부 부장 교사들의 한 부류와 승진과 상관없는 일반 교사들이다. 이런 이등분된 부류는 학교생활 속에서 쉽게 파악된다. 따라서 평소 신뢰가 구축되지 못한 관계에서는 다른 부류에 대한 이해와 공감이 쉽지 않다. 앞서 교직원 회의에서 살펴보았듯이, 승진을 목표로 둔 부장 교사는 대부분 관리자의 의견을 두둔하며 일반 교사들을 설득하려는 밀어붙이기식 의사결정 방식을 고수한다. 일반 교사들의 의견을 무시하기도 하고, 반영이 된다고 해도 전체를 바꾸기는 어렵도 없게 만드는 편법으로 의사결정을 종결시켜 버린다. 일반 교사 입장에서는 이런 상황이 불편하며, 그런 부장 교사의 태도에 부정적 관점을 갖게 된다. 관리자와 한통속이라는 시선부터 승진을 위해 무엇이든 할 수 있는 모습으로 보여져 나오는 다른 '이질 집단'으로 선을 그어 버리는 것이다. 결국 관리자 및 승진을 위한 부장 교사와 다른 한켠에 있는 일반 교사들은 서로 신뢰하지 못하는 상황에서 학교 업무는 계속된다. 이러한 상황은 학교 규모가 크면 클수록 더 두드러지게 나타난다.

이것은 현행 승진제도에서 나타날 수밖에 없는 구조적인 문제 중 하나일 것이다. 아무리 승진을 목표로 두고 있다 하더라도, 학교는 일부 교사의 사익이 아닌 전체 구성원의 이익을 위해 존재해야 하는 것임을 잊지 말아야 하는데, 승진이라는 목표에 집중되어 있는 일부 교사들은 과잉 충성과 편협한 시선으로 학교 자치의 균형을 '기울어진 운동장'으로 만드는 데 일등 공신 역할을 한다. 이처럼 신뢰가 없는 관계 속에서 학교를 이끌어 나가는 것은 매우 괴로운 일이며, 그러한 관계 속에 있는 집단 구성원들은 절대 자발적인 마음, 조직에 대한 열정과 헌신을 보여 주지 않을 것이다. 이러한 관계에서 학교 자치는 절대 구현될 수 없다. 서로에 대한 진정성과 믿음이 있을 때 관계가 건강해지며, 건강한 신뢰 관계 속에 공동체의 성장이 일어난다. 공동체의 성장이 바로 학교 자치의 가장 바람직한 이상이다.

그렇다면 어떻게 해야 무너진 신뢰 관계를 다시 세울 수 있을까?

학교 자치와 교사 7
죄수의 딜레마로 보는 학교를 지배하는 문화

'죄수의 딜레마'는 두 사람의 협력적인 선택이 둘 모두에게 최선의 선택임에도 불구하고 자신의 이익만을 고려한 선택으로 인해 자신뿐만 아니라 상대방에게도 나쁜 결과를 야기하는 현상을 말한다. 이와 관련된 이론 중 '게임이론(theory of games)'은 전략적인 의사결정에 관한 연구로 이를 이해하는 데 도움이 된다. 게임이론은 현실 세계에서 발생할 수 있는 매우 다양하고 복잡한 상황을 단순화해 두 사람 사이에 의사결정이 이루어지는 상황을 파악하는 데 용이하다. 의사결정이 이루어지는 상황은 어느 한 사람의 선택이 상대방의 결과에 영향을 미치는 상호 의존적이며 전략이 필요한 상황이고, 이러한 상황에서 사람들은 합리적인 선택을 할 것이라는 가정을 바탕으로 한다.

그럼 죄수의 딜레마 사례를 들어 보자.

은행 강도 용의자 A와 B가 체포되었다. 경찰은 이들이 공범인 것을 알고 있지만 물증이 없어 구속에 어려움이 있다. 경찰이 택할 수 있는 유일한 방법은 이들에게서 자백을 받아 내는 것이다. 궁리한 끝에 경찰은 A와 B를 각각 따로 불러 격리된 상태에서 자백을 하든지, 아니면 끝까지 묵비권을 행사하든지 둘 중 하나를 선택하라고 했다. 두 용의자의 선택에 따라 상황은 완전히 달라지게 된다. 상황은 크게 3가지로 나누어 볼 수 있다.

첫째, 한 명만 자백할 경우, 한 사람이 자백을 하고 나머지 한 사람이 자백을 하지 않는다면 자백한 사람은 석방이 되고 나머지 한 사람은 20년형을 받는다.

둘째, 둘 다 자백할 경우, 둘 다 적정 형량인 8년형을 받는다.

셋째, 둘 다 자백하지 않을 경우, 둘 다 각각 1년형을 받는다.

이것을 표로 나타내면 다음과 같다.

죄수의 딜레마		용의자 B	
		침묵	자백
용의자 A	침묵	A : 1년 B : 1년	A : 20년 B : 석방
	자백	A : 석방 B : 20년	A : 8년 B : 8년

여러분이 만약 두 용의자 중 한 사람이라면 어떤 선택을 할 것인가? 이 죄수의 딜레마는 상대방이 당신을 배신하지 않고, 또한 자백하지 않을 것이라는 강한 믿음을 가지고 있다면 당신은 묵비권(침묵)을 행사할 가능성이 높다. 또한 상대편 용의자 또한 당신을 믿고 당신과 동일한 선택을 한다면 서로에게 최선인 결과(징역 1년형)를 얻을 것이다. 그러나 상대방을 믿지 못하면 상대방이 자백을 해서 당신 혼자만 20년형을 받는 일이 일어날까 봐 두려울 것이다. 결국 두 사람은 서로를 믿지 못하고 서로를 배신하는 자백을 하게 되고, 두 사람 모두 징역 8년형을 선고받을 가능성이 높다. 대부분의 사람들은 자신의 이익만을 고려하여 서로가 아닌 '자신'에게 최선인 선택을 하고자 노력한다. 따라서 서로를 배신하지 않고 협조했을 때의 결과(침묵+침묵)보다 나쁜 결과를 맞게 된다.

여기서 가장 중요한 부분은 A와 B가 과연 신뢰가 바탕이 된 협력적 관계를 구축하고 있느냐에 달려 있다. 평소 신뢰 관계가 형성되어 있다면 검사가 각각 불렀더라도 침묵할 가능성이 높지만, 그렇지 않다면 자백하는 것이 개인적으로 보았을 때 합리적인 선택이므로 자백할 가능성이 높다.

이러한 딜레마를 우리 학교문화에 적용해 보자.

앞서 언급한 대로 우리가 만약 불신의 관계 속에서 생활하고 있다면, 교직원 회의에서의 의사결정은 다음과 같이 일어날 것이다.

학교문화 (교직원 회의)		B교사	
		협력	배신
A교사	협력	(3, 3)	(1, 4)
	배신	(4, 1)	(2, 2)

여기서 협력은 자신의 이익보다 공익을 생각하면서 학교의 문제를 해결하고자 하는 신뢰 관계 속에서 의사결정을 하는 교사가 가질 수 있는 메커니즘이다. 한편 배신은 학교 구성원 간의 신뢰 관계가 형성되어 있지 않은 교사가 교직원 회의의 의사결정에서 자신의 이익을 강조하여 공익을 뒤로하는 메커니즘을 의미한다. 즉, 우리 학교 모두를 위한 판단과 행동이 아니라 불신 속에서 자신만을 위한 판단과 행동을 하는 반공동체적 모습을 보여주기 때문에 배신으로 볼 수 있는 것이다. 한편, 괄호 속 숫자는 A교사와 B교사가 각각 협력과 배신의 행동을 했을 때 얻어질 수 있는 상대적인 이득량을 수량화한 것이다.

조직에 대한 충성도와 애교심이 없는 상황에서는 A교사든, B교사든

협력보다는 배신을 선택할 확률이 높다. 즉 승진에 목표를 두고 있는 교사라면 자신의 이익을 위해 협력보다는 배신을 통해 이득량 4를 획득하려고 한다. 만약 A교사 입장에서 협력을 추구하였다고 가정하면, B교사가 배신을 할 경우에는 A교사 이득량은 1이 되고, B교사 이득량은 4가 된다는 불안한 생각을 하게 된다. 이것은 A교사가 얼마나 B교사를 신뢰하고 있는가에 대한 문제로 귀결된다. 불신 관계에 있는 A교사는 배신을 선택하는 게 합리적인 판단이라고 생각한다. 즉 A교사는 B교사가 어떤 것을 선택하든 최악을 면할 수 있다는 기제가 발동되기 때문에 가장 합리적인 선택은 배신이라고 생각하게 된다. B교사가 협력을 하면 이득량이 4여서 좋고, B교사가 배신을 해도 이득량이 2여서 최악의 이득량 1보다는 낫다는 판단에서 대부분의 교사들은 배신을 선택할 확률이 높다.

교직원 회의에서는 의사결정 과정에서 누구나 이와 같은 '유혹적인' 배신을 선택할 것인지, 아니면 상대방을 믿고 신뢰할 것인지에 대한 딜레마 상황에 직면한다. 즉, 공익을 뒤로하고 사익을 추구하는 유혹적인 배신은 상대방과의 신뢰 관계 에너지량을 두고 각축전을 벌이게 되는 것이다.

만약 두 사람 모두 상대방에 대한 신뢰를 바탕으로 한 협력적인 선택이 가능하다면, 서로에게 최선의 결과로 작용할 수 있다. 이것은 개인적인 관점이 아니라 공동체적인 관점에서 최선의 결과라고 할 수 있다. 즉, 개인적인 최선의 선택이 이득량 4였지만, 공동체적인 관점에서 최선의 선택을 가져오는 이득량은 3밖에 안 된다. 하지만 신뢰를 바탕으로 한 공동체적 관계에서는 서로의 협동력이 연대되기 때문에 궁극적으로는 의사결정 과정의 이득량은 '6(3+3)'으로 볼 수 있다. 개인의 이익만을 고려했을 때는 절대 이와 같은 시너지 효과는 나타날 수 없다. 결국 아무리 승진을 목표로 하는 교사가 있더라도 그 교사가 사익이 아닌 전체 구성원의 이익을 위해 의사결정을 발휘할 수 있는 역량이 있는지가 관건이 된다. 따라서 공익을 위한 의사결정 역량을 가진 학교는 건강한 학교 자치를 구현할 수 있는 메커니즘을 가지고 있다고 말할 수 있다.

우리는 학교 안에 이러한 신뢰 관계가 형성되어 있는가?

학교 자치와 교사 8
교사는 시민이다?

'시민다운 시민'으로 불리는 일종의 판단 기준에 대한 질문이 있다.

세상에는 세 가지 종류의 일이 있다. 첫 번째는 '나의 일', 두 번째는 '너의 일'이다. 그렇다면 세 번째는 어떤 일일까?

이 질문을 받는 대부분의 사람들은 '우리의 일'이라고 답한다. 경우에 따라 이것도 좋은 답이 될 수 있지만, 문제의 정답을 들어 보면 쉽게 수긍이 된다. 정답은 '나와 너를 제외한 일'이다. 어떠한가? 세상에 있는 3가지의 일을 묻는 질문에 합리적인 대답이라고 생각되는가? 만약 누군가가 자신의 일이나 내가 알고 있는 타인의 일을 제외하고 무연관계(無緣關係)에서의 일에 대해 관심을 갖는 사람이 있다면, 우리는 이를 '시민'이라고 부른다고 한다.

시민은 '인간과 시민의 권리 선언'으로 잘 알려진 프랑스 혁명에서 그 기원을 살펴볼 수 있다. 인간과 시민의 권리 선언의 기본 원칙은 '인간은 자유롭게 또한 평등한 권리를 가지고 태어났다(제1조)'는 것이며, 이 권리는 자유·소유·안전·압제에 대한 저항으로 명시되었다(제2조). 시민혁명 당시에는 상업·공업을 통해서 부를 축적한 부르주아 계층이었지만, 시간이 흐르면서 모든 사람들을 보편적으로 일컫는 말이 되었다. 즉 시민은 자발적이고 능동적인 의사와 행동으로 근대 국가의 주체로서 참여하고, 국가를 이루는 구성원이라고 할 수 있다.[2]

위 시민에 대한 정의에 비추어 보면, 우리는 나와 너에 대한 일에만 관심을 갖고 그외의 일에는 크게 관심을 갖지 않는 경우가 대부분이기 때문에 시민다운 시민이라고 말하기 어렵다. 즉 우리의 일이 아니면 남의 일이라고 생각하는 시민인 것이다.

학교 자치도 이와 마찬가지다. 나와 관련된 교육활동이 아니면 일단

---

2 다음·백과, http://100.daum.net/encyclopedia/view/v140ha820a11

관심은 반으로 줄어든다. 내가 아는 타인의 교육활동에 동조를 해 줄 수는 있지만 주체가 되어 함께 적극적인 자세를 지니기는 쉽지 않다. 상황이 이렇다 보니 그 이외의 일에는 전혀 관심을 갖지 않는 시민이 된다. 오히려 관심을 가지고 시간을 할애하는 사람이 이상한 사람으로 취급당하는 시선들이 나타날 정도이다. 이러한 학교문화 속에서 자발성에 의해 학교의 문제를 해결하는 것은 요원한 일이 된다. 어쩌면 우리는 학교 안에서 자발적인 행동에 의해 움직이는 자율적 실천이 부족한 집단인지도 모른다. 결국 학교 자치는 이런 자율적 실천 의지를 회복하는 것에 집중되어야만 구현 가능하다. 그래서 학교 자치는 자발성(autonomy)에 초점을 두어 논의되어야 한다.

학교 자치에 대해 함께 성찰하는 질문

◆ 선생님은 학교로부터 소진된 몸과 마음을 위로받고 계신가요?

◆ 우리 학교에 학교공동체 점수를 준다면 몇 점 정도일까요? 그 이유는?

◆ 현재 학교의 민낯을 볼 때, 교사가 주체로 설 수 없는 이유는 무엇일까요?

2. 학교 자치를
둘러싼 딜레마

요즘 교육청에서 내려오는 공문을 보면 앞의 수식어가 '학교 자치'인 경우가 많다. 교육청에서 추진하고 있는 사업이 학교 자치를 위한 정책으로 이름을 바꾸어 내려오고 있다. 학교 자치도 교육감 공약에 따른 하나의 사업으로 상의하달식(Top-down) 방식을 통해 내려오고 있는 것이다. 그런데 학교 자치라는 것이 다른 정책들처럼 관료적 방식으로 강요할 수 있는 것일까? 과연 '자율'이 강요될 수 있는 범주인 것일까? 바로 지금, 지속적이고 자발적인 학교 자치 문화 세우기를 위한 교사들의 고민이 필요한 시점이다.

다음은 2018년 5월, 핀란드 교육 국제 세미나에서 있었던 질의응답 내용이다.

한국 교사 : 핀란드 학교에서는 어떤 교육 정보를 보고하는 데 시간이 얼마나 걸리나요?

핀란드 교사 : 보고요? (어리둥절) 질문을 정확히 이해하지 못했습니다. 보고가 무엇인가요? (통역자의 도움을 받은 후) 교장, 교감, 교사들이 함께 협력하여 제안하고, 학교 내에서 문제를 해결합니다.

교육 선진국이라 불리는 핀란드 교사의 반응에 대한민국 교사인 우리는 정말 '웃프다'. 현장체험학습 한번 가려면 버스 기사 음주 측정도 교사가 하고 서명을 받아 보고해야 한다. 한번은 현장체험학습 때, 아이들 출결 확인하고 학부모와 통화하느라고 음주 측정을 받은 버스 기사 서명이 담긴 용지를 잃어버렸다가 엄청 큰일이 난 것처럼 혼나고, 해당 버스 기사를 다시 학교로 부른 적이 있다. 현장체험학습을 위한 깨알 같은 지침에 따라 작성해야 하는 사전·사후 보고서는 말해야 입만 아프다. 또 수시로 내려오는 갑작스러운 교육청 보고 공문, 국회위원 요구 자료에 수업은 뒤로 미룬 채 적당히 동영상 틀어 주며 공문 작성하여 교감·교장에게 결재받으러 뛰어다니지 않았는가? 이러한 상황에 진정 대한민국 학교에 자치라는 게 가능하긴 한 걸까? 학교는 단지 교육부와 교육청 사업의 집행기관이 아닐까? 깨알 같은 사업 지침에 따른 예산과 보고 그리고 무서운 감사로 이어지는 말단 하부기관 말이다.

핀란드 교사가 말한 것처럼 보고가 없는 학교를 상상해 본다. 학교공동체 안에서 교사와 학생들이 머리를 맞대고 함께 협력하여 제안하고, 학교 내에서 문제를 해결하는 모습을 상상해 본다. 또한 핀란드처럼 보고 없이 학교가 자율적으로 결정하면 학교가 돌아갈지 않을까 생각해 본다. 교육부와 교육청에서 실시하는 수많은 사업과 목적사업비 예산 그리고 감사가 없으면 학교가 큰일이 날지에 대해 생각해 본다. 그리고 그런 사업들이 진정 학교가 원한 정책들이었는지 생각해 본다.

이제 이 모든 모순 속에서 교사가 학교 자치를 생각해야 할 시점이다. 지금 여기, 깨어 있는 교사의 조직된 힘이 필요하다. 공동체만이 현재의 문제를 바꿀 수 있는 유일한 힘이다.

학교 자치를 보는 시선은 복잡하고 다양하다. 학교 자치를 보는 여러 가지 시선 사이에는 딜레마 상황이 많이 존재한다. 이를 주체별로 정리하면 다음과 같다.

| 학교 자치를 보는 시선 |
• 교육부 · 교육청 : 각종 의사결정 권한을 단위 학교로 이양하는 것(권한 측면)
• 교육청 : 학교 자율 경영, 학교장 책임경영제, 단위 학교 = 학교장(경제적 측면)
• 교사 : 학교 사무를 학교공동체에서 민주적으로 결정하는 것(문화적 측면)

이처럼 학교 자치에 대한 다양한 시선이 존재하여 각 주체들이 서로 다른 노력을 하고 있으나 성과 없이 다른 길을 가고 있는 모양새이다. 교육부와 교육청은 학교 자치를 위해 권한 이양과 제도 개선을 위해 여러 가지 방안을 내놓고 있지만 결국 상의하달식 방식이며, 시장경제에 바탕을 둔 경제적 측면, 즉 경영 마인드의 접근이 많다. 많은 학교를 관리하기 위해서는 '단위 학교 = 학교장'의 접근이 쉬울 수 있으나 학교 자치는 이런 접근이 통하지 않는다. 이러한 접근은 오히려 관료적 문화를 더욱 공고히 하고 지금도 문제가 되는 '학교장 갑질'을 더욱 키울 수도 있다.

교사 시선으로 보는 학교 자치란 '학교 구성원들이 자율적으로 학교 사무의 결정권을 가지는 것'이다. 이를 위해 학교 구성원들이 서로 수평적 관계 속에서 안건을 토의하고, 학교가 걸어갈 방향을 정하는 것을 학교 자치라고 생각한다. 물론 다수의 혁신학교에서도 자발적으로 교사 공동체를 통해 학교 자치를 이루어 내려고 노력한다. 하지만 일정 기간이 지나면 한계에 부딪히고 만다. 자치와 방향이 완전 반대인 관료적인 교육행정 시스템의 문제, 비민주적인 업무 처리 시스템에 따른 업무 부담으로 혁신학교에서도 학교 자치는 지속가능하지 못하다. 그 속에서 교사는 또 소진된다.

진정한 학교 자치는 현재의 교육 시스템에서의 학교 자치를 말하는 것이 아니다. 신뢰에 기반하여 교육부와 교육청이 가진 많은 권한을 학교로 이양하고, 지시와 감시를 받는 관료제 속의 하부 조직이 아니라 학교공동체가 학교 비전과 철학에 맞는 자율적 학교 운영 계획을 세우고, 해당 학교만의 개별적인 교육과정을 운영하는 것이 진정한 학교 자치이다. 교사가 간절히 바라는 교육청의 보고로부터의 자유, 그리고 학교 공동체에 의한 자율적인 학교 자치가 이루어지는 것이다.

하지만 학교 자치를 둘러싸고 교사에게는 기대감과 우려감이 공존한다. 아무리 깨어 있는 교사의 힘으로 자각하려 해도 학교 자치의 딜레마가 분명히 존재하기 때문이다. 이상적인 학교 자치 상에도 불구하고 우려되는 부분, 교사가 손을 들고 학교 자치를 환영할 수 없는 학교 자치의 5가지 딜레마, 즉 학교 자치 문화 측면, 학교장 권한 측면, 학교 자율성 확대 측면, 교육 공공성 측면, 학교 자치력 측면에서 살펴보자.

학교 자치의 딜레마 1
학교 자치 문화 측면
 – 학교 자치! 지금 교사와 만날 수 있을까?

2018년 교육계의 화두는 학교 자치이다. 이에 교육부와 교육청은 교사와 학생이 의미 있는 교육활동을 하기 위해 학교 현장에 부담이 되는 규제적인 지침을 제거하고, 필요한 지원을 통해 자율적인 학교 자치 문화가 조성될 수 있도록 한다는 계획을 가지고 있다. 학교 자치 측면에서 교육 규제 연구에 참여한 현장 교사의 생생한 이야기를 기반으로 학교 자치에 대해 인터뷰한 자료를 데이터화하여 워드클라우드 형태로 도식화하였다.

학교 자치에 대한 교사 인터뷰의 워드클라우드

학교 자치에 대해 교사가 가지는 복잡 미묘한 마음이 표현되어 있다. 교육청으로부터의 규제는 벗어나고 싶으나 학교 자치를 한 번도 경험해 보지 못한 두려움, 그리고 이미 관행 속에 물들어 관료주의 문화가 더 편안해진 마음, 교육청 규제가 없으면 공동체가 협의해서 결정해야 하는데 시간적으로나 정신적으로나 마음의 여유가 없어 차라리 시키는 대로 하는 것이 효율적이라는 마음……. 현재 학교 자치를 바라보는 교사의 마음을 진단해보자.

"지침이 없으면 누가 우리를 보호해요?"

교사는 교육청 감사가 두렵다. 내가 하지 않은 일로 승진을 앞둔 상사 대신 억울하게 감사에 불려가 본 경험은 다 있을 것이다. 이런 경험이 없더라도 선배 교사에게 들어온 감사에 대한 이야기는 많을 것이다.

교사는 일상적으로 행해지는 업무에 대한 책임 여부 및 교육청 감사에 대한 스트레스가 있다. 이는 관료적이고 업무적인 조직에서 나타나는 현상이다. 교육청과 관리자로부터 업무 수행의 효율성과 안정성을 확보하기 위해서는 규제 및 지침이 지금 현행 그대로 필요하다는 의견이 대부분이었다. 교육청에서 입맛에 맞게 만든 TF팀이 아니라 내가 학교로 직접 찾아가서 만나 본 현장의 교사들은 현재 교육청에서 내려오는 수많은 규제들 중 중복적인 규제인 약 10%만 제외하고 그대로 필요하다고 느끼고 있었다. 업무를 하는 데 있어서 학교 자치 및 민주적인 업무 처리 문화와는 거리가 먼 문화가 교사들을 지배하고 있는 것으로 보인다.

> 지침이 있으면 그대로만 하면 책임을 피할 수 있어요. 학교나 교사를 민원이나 감사에서 지켜 주는 것은 지침이라고 생각해요. 물론 엄청난 양의 공문과 지침이 부담스럽긴 하지만, 15년간 주변에서 업무와 관련하여 소송당하고 징계받는 것을 보면서 교육청의 촘촘한 지침이 있어서 안전하다고 생각이 듭니다.
>
> ― ○○중학교 교사

"교육청이 문제가 아니에요. 문제는 관료적 업무 처리 방식!"

학교 자치는 학교에 하달되는 교육청의 규제를 폐지하느냐 안 하느냐의 문제가 아니다. 학교 업무의 절대적인 양도 문제가 아니다. 내가 찾아간 현장 교사들은 업무가 이루어지는 절차가 민주적이지 않고, 업무를 처리하는 과정에서 관리자와의 관계, 교사 간의 관계에서 오는 비민주성 때문에 업무 강도가 세다고 느끼고 있었다. 시기에 안 맞는 공문, 일관성 없이 계속 수정을 요하는 업무, 때때로 달라지는 의미와 원칙이 없는 공문 처리 방법, 업무 처리 방식에 대한 문제를 제기했을 때 어떤 의견도 반영되지 않는 불통 문화, 또 하나의 시어머니인 행정실과의 갈등 관계, 관행적으로 이루어지는 설문 조사, 전시성 공문 및 우수사례 등 업무 처리 과정에서 느끼는 비민주적 분위기가 업무 부담으로 이어지고 있었다.

학교 폭력 설문 조사 기간이 되면 담임 교사의 업무 부담이 엄청나요. 공문이나 지침은 1건이지만 교육청에 단위 학교 학교 폭력 설문 참여율이 표시되기 때문에 각 학교가 경쟁적으로 참여율을 높이기 위해 담임 교사를 힘들게 하죠. 참여 안 한 소수의 학생들을 찾기 위해 각 반 담임, 학년 부장 선생님이 매일 조사하고, 관리자들은 엄청 압력을 줍니다. 지침 1건이 1개의 업무가 아니에요. 관리자의 마인드에 따라 100배의 업무로 다가올 수 있어요. 교육청이요? 이걸 다 알면서 지역교육청 설문 조사의 퍼센트가 높으면 좋으니 관리자에게 더욱 압력을 가하

죠. 관리자의 평가기관인 교육청의 말에 관리자는 복종하고요. 업무의
양이 문제가 아니라니까요.

— ○○중학교 교사

AI가 인간을 대신할 것을 걱정하는 21세기에, 20세기 밀레니엄 신세
대 교육을 받은 교사가, 광복 이래 19세기까지 촘촘하게 내려온 관료주
의 문화에 지배를 받고 있는 현실이 바로 대한민국 현 위치이다. 어찌
소진되지 않을 수 있겠는가.

"학교 자치 관점이요? 우리가 이 모든 걸 어떻게 정해요?"
학교를 얽매는 교육 규제가 간소화된다고 해서 학교 자치로 이어지는
것은 아니다. 행정 업무 간소화와 학교 자치와의 관련성에 대한 교사의
인식은 낮은 편이다. 대부분의 교사들이 교육청에서 내리는 유사 지침
의 통합 및 부서별 교육 규제에 대한 정비를 주장하였지만, 그것이 학교
자치 관점이라기보다는 다소 중복되고 반복되는 것에서 오게 되는 업
무의 비효율성과 불합리성에 대한 개선의 관점으로 접근하고 있다. 교
육청에서는 참고용으로 매뉴얼과 길라잡이를 내려보내나 학교에 내려
오는 순간 바이블이 되므로 같은 주제로 공문 따로, 매뉴얼 따로, 길라
잡이 따로, 우수사례 따로 내려오면 이로 인한 업무 부담이 나타난다.
하지만 이러한 교육청 관리 없이 이 모든 것을 학교공동체의 회의를 통
해 결정해야 한다는 점에서는 엄청난 부담을 느끼고 있었다. 아이들 수

업하랴 생활지도 하랴 지쳐서 전문적 학습공동체 시간을 잡기도 어려운데 어떻게 매번 모여서 학교 사무를 자율적으로 결정할 수 있겠냐는 반응이 많았다. 차라리 교육청의 구체적이고 표준화된 규제가 업무 처리에 효율적이라는 의견이 많았다.

교원능력개발평가의 경우 학교 현장에서 교사 간의 갈등이 나타나고, 정책의 효율성보다는 교원의 사기를 낮추고 갈등을 유발하는 등 다양한 문제점이 나타나므로 폐지했으면 좋겠어요. 하지만 이런 정책에 대한 지침과 학교 자치가 어떤 관계가 있는지는 잘 모르겠어요. 다른 지침에 대한 정비도 마찬가지예요. 비효율성과 불합리성을 가진 지침에 대한 개선은 필요한데, 그런 개선이 학교 자치와 어떤 관계가 있는지에 대해서는 생각해 본 적이 없네요.

— ○○유치원 교사

"우리에게 학교 자치 문화가 있나요?"

현재에도 학교가 학교 구성원과 함께 자율적으로 구성할 수 있는 영역이 많다. 대부분의 혁신학교가 방과후학교, 인성교육, 범교과 교육과정, 각종 체험학습 등 지역사회와 연계하고 학교 특수성을 반영하여 자율적으로 교육과정을 운영하려고 노력하고 있으나, 이 과정에서 대부분의 교사는 고통을 호소하고 있다. 퇴근 시간이 되어도 끝없이 이어지는 회의에 좀 다른 의견을 내면 회의가 길어질까 봐 그냥 침묵을 선택하는 교사 문화, 아무리 의견을 내어도 결국에는 학교장 의지대로 되어 버리는 경험들, 그냥 좋은 게 좋은 거라는 동료 교사들의 관계 지향적인 태도에 학교 자치는 무릎을 꿇고 만다. 우리는 교사로서 학교 자치를 배운 적이 없다. 아직도 교사들의 협의 문화조차 낯선 상황이다.

학교 자치 정서가 교사의 마음속에 자리 잡으려면 교사들의 끊임없는 성찰과 노력이 동반되어야 한다. 학교 자치는 감성과 문화의 영역이다. 이러한 정서가 조성되지 않은 채 학교로의 무조건적인 권한 이양은 학교 자치에 있어 해결점은 아님을 알 수 있다.

학교 자치의 딜레마 2
학교장 권한 측면
 - 학교 자치! 제왕적 교장의 권한을 막을 수 있을까?

학교에 많은 권한이 이양된다고 한다. 문재인 정부의 교육 자치 공약에 따라 교육부의 권한이 교육청과 교육지원청으로, 교육청과 교육지원청의 많은 권한이 단위 학교에 부여된다고 한다. 현장 중심, 학생 중심 교육이라는 특성에 비추어 이 모든 취지에 동의하지만 교사라면 한편으로 걱정이 될 것이다. '지금도 견제할 수 없는 거대한 권력을 가진 교장이 앞으로 더 큰 권한을 가진다고?' 상황이 이러한데 여기에 어떤 교사들이 쉽게 동의할 수 있을 것인가?

교육 자치의 목적으로 또는 자율성 확대라는 이름으로 교육부에서 학교장에게 많은 권한을 부여할 때에 기대하는 바는 학교장이 학교 사무에 대한 결정권을 행사할 때 학교 구성권과 공유하고 토론 및 참여를 통해 의사결정하는 리더십을 발휘하는 것이다. 하지만 현실은 다른 법이다. 현재에도 학교 운영은 '학교장 독재'와 동일하게 쓰일 정도 견제 불가능하고 제왕적인 상태이다.

우리 학교는 혁신학교 4년차입니다. 교사의 자발성과 동료성에 의해 오랜 기간 피땀 흘려 가꾼 우리 학교가 그분이 오시면서 달라졌습니다. 한순간이더군요. 민주적인 협의체, 참여형 협치 구조는 산산조각 나 버렸습니다. 학교가 8년 전으로 후퇴하는데…… 정말 너무 허무하게 무너지더군요. 그분이 오신 후 혁신도 경쟁을 하더라고요. 성과를 내기 위한 무한 경쟁과 비민주성에 온몸으로 저항했으나 좋은 게 좋은 거라는 교사 문화가 들어오더니 저는 모두에게 미움받는 별떡 교사가 되어 버렸습니다. 저는 이 과정에서 너무나 많은 상처를 받았습니다.

— ○○중학교 교사

교장의 갑질이요? 학교의 주인은 관리자죠. 겉모습은 늘 교사들을 위하는 것같이 포장하나 실제로는 관료주의 관리자의 모습이 있죠. 명령 하달식 업무 처리, 업무 지시를 위한 침묵의 교직원 회의, 학부모의 민원에는 부들부들 떨면서 교사의 휴직·연가에 시시콜콜 관여하고 모욕하는 모습, 몇 명 데리고 갔다는 게 관리자의 자존심이 되어 강제적으로 따라가야 하는 교사 워크숍, 각종 설문지의 참여율을 높이기 위해 담임과 담당자에게 가해지는 엄청난 스트레스 등 열거할 수 없을 정도로 많습니다. 정말 예전과 하나도 달라지지 않았습니다. 오히려 독재가 더욱 교묘해졌죠. 그냥 내 학교가 아니라고 생각하는 게 마음 편해요.

— ○○초등학교 교사

학교 본 예산을 집행할 때, 진짜 10원까지 간섭합니다. 수석교사인 제게도 업무 결정 권한이 없습니다. 특히 예산은 시키는 대로 안 하면 결재가 나지 않아요. 예산에 대해 너무 비합리적으로 간섭하고, 무조건 깎으려고 합니다. 계획 세워 놓은 예산을 아껴서 어디에 쓰겠다는 비전이나 철학이 있으면 다행이죠. 예산은 정말 견제할 수 없는 학교장의 최고 영역이에요. 깜깜이입니다.

— ○○고등학교 수석교사

우리나라 초·중등교육법 대부분의 조항은 현재 '학교장'이 주어로 되어 있다. 법령상 현재 학교 운영의 전권이 학교장에게 주어지는 이런 현실 속에서 학교 자치를 위한 권한이 학교로 이양될수록 학교장과 학교 구성원 사이의 갈등은 늘어나게 될 것이다. 학교는 교장의 거수기 역할을 하는 각종 위원회로 굴러가고 있다. 학교는 경쟁적인 실적과 성과에 집착하고, 의미를 찾기 힘든 형식과 의례가 지배하고 있다. 현재에도 이러한 구조적인 위계 관계를 악용하여 평교사들을 부하 직원 대하듯 하는 관리자가 여전히 많다. 관료주의 문화에서 벗어나기 힘든 구조인 현재의 학교 시스템에서는 교사는 그저 좋은 관리자가 오기만을 기다리는 수밖에 없는 상황이다.

> 지금도 교장 1명을 99명의 교감이 당해 낼 수 없다고 하잖아요. 제왕적인 교장의 권위를 막으려면 지금과 같은 세밀한 지침과 규제가 오히려 더 필요합니다. 학교 기본운영비를 높여서 단위 학교의 자율권을 신장시키자고요? 아니요! 절대 안 됩니다! 교장이 예산에 함부로 손을 댈 수 없도록 교육부의 특별교부금이나 교육청의 목적사업비가 더 세밀히 들어가야 합니다.
>
> — ○○초등학교 교감

이에 학교 자치 측면에서 더욱 커지는 제왕적 학교장의 권한을 견제하기 위한 방안에 대해 현장 교사의 의견을 온라인을 통해 수렴한 결과 학교장 평가에 대한 평가 권한 부분, 학교장 권한의 민주적 배분에 대한 의견이 많았다. 교육청에만 잘 보이면 되는 구조의 현행 평가에서 교육 공동체에 의한 상향식 학교장 평가로 전환하고, 이를 누적으로 적용하여 중임이나 발령, 공모에 필수 자료로 사용되는 방안이 필요하다는 의견이 다수를 차지하였다. 이를 통해 학교장의 갑질 문화, 교육청의 눈치만 보는 관행, 보신주의의 고리를 끊고 민주적 의사소통 구조를 기반으로 책임 있는 학교 자치에 한 발 더 다가설 수 있다고 보았다. 또한 학교장 권한의 배분 측면에서는 학교장이 가진 절대 권력인 인사권, 예산권을 교육공동체의 합의에 의해 수평적으로 이동시켜야 한다는 의견이 있었다. 합의에 의한 부장 선출과 이에 따른 권한과 책임의 이동을 통해 민주적 학교문화가 조성되고, 주체적으로 학교 운영에 참여할 수 있다고 보았다. 해외 사례처럼 행정 전문가인 교감·교장이 학교 폭력이나 방과후학교, 진로 상담 업무를 담당하는 방안도 제시되었다.

위에서 논의한 내용이 실현되려면 학교장을 제어할 수 있는 새로운 규제가 필요하다. 교육청으로부터의 학교 자치를 원하면서도 제도적인 새로운 규제가 필요하다니 딜레마이다.

하지만 학교 자치는 교사들의 의식과 태도의 변화만으로 극복하기 힘들다. 교사의 자발성에 기인한 혁신학교 운동 사례에서도 쉽게 볼 수 있는 한계점이다. 교사의 소명과 희생에 기대 민주적 학교공동체를 만들고 학교 자치를 실행해야 하는 데는 분명 한계가 있다. 칸트는 좋은 사람이 좋은 제도를 만드는 것이 아니라 좋은 제도가 좋은 사람을 만든다고 했다. 제왕적 학교장의 권한을 견제할 수 있는 정책과 제도의 뒷받침 없이는 학교 자치의 신념을 위한 교사들의 노력이 수포로 돌아갈 수 있다. 학교로 이양된 권한이 실질적으로 교육 주체에게 가기 위해서는 학교장에게 엄청난 권한을 부여하기 전에 감성과 문화적 측면, 제도적 측면에서도 학교 민주화를 강화할 수 있도록 지원할 필요가 있다.

학교 자치의 딜레마 3

학교 자율성 확대 측면
— 학교 자치와 학교 불평등이 공존할 수 있을까?

17개 시·도 교육감이 교육 자치 촉구 법안을 추진하고 있다. 이를 바라보는 교사들의 우려가 상당하다. 법안대로 교육부의 권한이 대거 지방자치단체로 이양되어 학교에 자치권이 내려온다면, 학교 자치와 평등이 선순환될 수 있을까? 학교 자치에 따라 지역별로 서로 다른 학교 간의 격차가 벌어진다면 어떻게 할 것인가? 공교육에서 지방 자치가 현실적으로 무엇을 의미하는 것일까?

이미 '학교단위 책임경영을 위한 학교 자율화 방안(2009. 6. 11.)' 정책으로 인하여 단위 학교마다 학교 교육과정 편성·운영의 자율성을 확대할 수 있게 되었고, 교육부에서는 이러한 정책으로 인하여 기존 획일적인 공교육 문제들이 해결되고, 단위 학교마다 독특한 교육과정이 운영될 것이라 기대하였다.

그러나 이러한 기대와는 달리 박재윤 외(2010)의 연구에서는 대부분의 학교가 주지 교과 위주로 교과 시수를 확대하고 예체능 교과 시수는 줄인 것으로 나타났으며, 초등학교보다 중·고등학교에서 더 심하게 나타났다. 이러한 결과가 나타난 이유는 여러 가지가 있을 수 있지만, 특히 고등학교에서는 대학 진학률을 높이는 것을 학생과 학부모가 요구했기 때문이라 생각할 수 있다. 이처럼 학교가 자율성을 가지고 스스로 의사결정할 수 있는 권한이 늘어난다고 하더라도 대한민국에 뿌리 깊게 자리 잡고 있는 메리토크라시(meritocracy), 즉 능력주의 문화, 경쟁이 내면화되어 버린 사회적 요구로부터 자유로울 수 없기에 의사결정의 많은 부분에 제약이 존재할 수 있다.

조너선 코졸(Jonathan Kozol)의 『야만적 불평등』에서는 교육 자치에 따른 미국 공교육의 지역별 교육 격차, 빈부의 양극화와 맞물린 교육 불평등의 참혹상과 아이들의 희생에 대해 비판하고 있다. 학교 자치가 가능함에도 불구하고 미국의 공교육이 왜 실패했는가에 대한 조사 결과는 현재 지역별 교육 격차가 심하고, 점점 부익부 빈익빈의 차별적인 교육이 이루어지는 우리 교육에 많은 시사점을 주고 있다. 명문대 진학률이 높은 학교가 명문 학교로 각광받고, 높은 진학률을 가진 학교가 모여 모든 학부모와 학생들이 열망하는 학군을 형성하였다. 소득 격차에 따라 학군이 만들어지고, 소득에 따라 다닐 수 있는 학교가 달라지는 현상은 미국과 크게 다르지 않다.

이런 현실에서 학교가 자치권을 갖게 되면, 교육 재정과 빈부 격차 문제와 맞물려 주변 학교와의 경쟁 속에서 생존을 위해 더욱 지역 특성을 고려하고 교육 소비자의 취향에 민감하게 반응할 수밖에 없다. 이때 학교 구성원의 협의에 의해 자율성과 다양성의 이름으로 입시에 유리한 교육과정을 경쟁적으로 취한다면 어떻게 할 것인가? 벌어진 학교 격차로 인해 상대적으로 교육 기회의 혜택을 받지 못한 소외된 계층은 어떻게 할 것인가? 우리는 이명박, 박근혜 정부 시기에 이미 교육 기회의 선택 및 학교의 자율화에 기댄 자율형 사립고, 특수목적고등학교의 설립으로 인한 극한 경쟁과 사교육의 맹위 속에서 공교육의 피해를 경험하였다. 획일주의를 넘어서 학교 특성에 맞게 운영되어야 하는 학교 자치가 이미 교육계에 엄청난 상처를 가져온 곳으로 이행해 갈 가능성이 있다면, 우리는 바로 지금 학교 자치의 방향에 대해 다시 생각해야 한다.

교사에게는 학교 자치가 되면 참 두려운 부분이 있다. 교육 자치 촉구 법안에 대한 의견 청취를 위한 공청회에서 나온 이야기이다.

지방자치단체요? 교사는 국가공무원 신분 아닌가요? 교육 자치의 일환으로 학교 자치의 권한이 이양되면 학교장에게 인사권이 확대되고, 그럼 국가공무원의 순환근무제가 흔들릴 수도 있다는 건가요? 저는 지금 현행의 국가 관리 교사 임용, 인사제도가 좋습니다. 국가공무원 체제라서 우리나라 땅끝마을까지 교사의 자질과 능력이 동일한 것이고, 지역적 교육 격차가 덜 나는 것이지요. 저는 지방교육 자치에 동의한 적 없습니다. 전국적인 교사의 의견 수렴이 필요합니다. 각 시·도 교육감의 교육 권한 증대를 위한 해당 법안에 반대합니다.

— ○○초등학교 교사

현재 교사는 국가 교육공무원의 신분이다. 전국적으로 순환근무제도를 채택하고 있어 지역 차이 없이 최고의 능력을 가진 교사가 지역별로 고르게 분포되어 있다. 하지만 학교에 자치 권한이 상당히 이양되어 재정적으로 다른 학교보다 풍부하고 자치권을 가진 학교가 인사권을 통해 능력 있는 교사를 초빙하여 드림팀을 만든다면? 그리고 주변보다 탁월한 입시 실적을 가져온다면 어떻게 할 것인가? 우리가 그리는 지방자치단체 주도의 교육 자치의 모습을 가지고 있는 미국의 공립학교처럼 우수한 교사 인력과 학생이 입시 실적이 좋고 관리 잘되는 사립학교로 모두 빠져나가 껍데기만 남게 된 경쟁력 없는 공립학교가 나타난다면 어떻게 할 것인가?

물론 교육 자치가 잘되는 곳도 있다. 핀란드의 학교는 학교장을 중심으로 교직원·지역위원·학부모 대표가 채용위원회를 통해 교사를 채용한다. 적격자인 경우 3~5년마다 교사 계약이 갱신되는 책임 중심 시스템이다. 교원은 지방공무원 신분으로 원칙적으로는 순환 근무를 하지 않는다. 단, 해고는 지방자치단체 교육위원회의 권한이다. 교사의 채용과 해고는 분리되어 있으며 협력적 교육 체제 속에서 평등이라는 가치를 지켜내고 있는 핀란드의 사례도 있다. 하지만 우리나라는 시장경제에 바탕을 둔 미국식 교육에 기반하고 있으며, 교육의 본질적인 목적과 괴리되는 관료적인 과정적 모순을 안고 있는 상태이다.

그렇다면 진정한 학교 자치를 위해 교사는 지방공무원을 고민해야 할 시기인가? 어디까지가 우리나라에 적합한 학교 자치의 권한 이양인가? 아직 정해지지 않은 한국형 학교 자치! 학교로의 권한 이양만이 답은 아니다. 학교 자치를 보는 교사의 시선을 통해 한국형 학교 자치에 대한 범위와 한계를 정해야 할 시점이다.

학교 자치의 딜레마 4
교육 공공성 측면
– 학교 자치! 이기주의를 극복할 수 있을까?

사람은 이기적인 동물이다. 특별히 동기화된 경우가 아니라면 가능한 일을 적게 하려고 한다. 교사도 마찬가지이다. 새 학기가 시작되기 전 업무 분장이나 교과 시간을 분담할 때 1년을 편하게 지내기 위해서 목에 핏줄을 세우며 주장하기도 한다.

> 우리 학교는 농어촌 통합운영학교예요. 초등학교와 중학교의 편재, 수업 시간, 교육과정이 달라 효율적인 학교 운영을 하기 위해서는 자율학교 선정이 꼭 필요해요. 자율학교를 신청하려면 교사의 동의가 70% 이상 필요한데 교사 투표율이 저조합니다. 교사들이 동의를 해 주지 않습니다. 예산적으로나 교육과정 측면에서 아이들에게 분명히 도움이 될 텐데 업무 부담에 대한 두려움으로 동의를 해 주지 않아요.
>
> — ○○통합운영학교 교감

학교 구성원에 의해서가 아니라 교사의 목소리가 중심이 된 학교 자치가 될 경우, 학생의 행복한 배움과 성장이라는 궁극적인 목적과는 다르게 전도될 가능성이 있다. 또한 학교 자치로 학교장의 권한이 교사 중심으로 이양되어 학교장의 학교 운영 감독권이 약화될 경우, 교사나 학부모 이기주의로 인해 교육력이 저하될 가능성도 있다.

학부모는 어떠한가? 학부모는 눈에 넣어도 아프지 않을 아이의 미래를 위해 학부모회, 운영위원회 등의 활동을 주도적으로 한다. 아이의 수상과 입시에 유리하다면 대다수 학부모를 대변하는 척 의견을 내며 관철시키기도 한다.

우리 학교 운영위원회는 학부모 위원에 의해 영향을 많이 받아요. 지역위원도 솔직히 학부모 위원이죠. 입시에서 유리한 고지를 차지하기 위해 특정 학생들에게 유리한 정책을 이끌고 학부모 위원끼리 똘똘 뭉쳐서 학교 운영을 좌우합니다. 교장은 민원을 두려워하니 학부모의 입맛에 맞추고 있고요. 운영위원회 들어갈 때마다 교사는 좌절합니다.

― ○○고등학교 교사

학교에서는 학부모와 교사, 국가의 이해관계가 복잡하게 얽혀 있다. 학교 주체 간에 이해가 상충될 경우 학교 자치는 위험한 부담이 될 수도 있다. 학교 자치에서 학생·학부모·교사·관리자가 수평적인 권력을 나누지 못하고 자칫 한쪽으로 기울어질 경우 나타나는 부작용은 모두 학생의 피해로 돌아간다. 또한 정책 결정 과정이 시간이 오래 걸리고 비효율적이라는 이유로 발생하는 갈등을 인내하지 못하고 의사결정이 갈팡질팡한다면 이 또한 피해는 학생에게 돌아간다. 학교 자치의 과정에서 나타나는 모든 갈등을 참고 견딜 수 있는 준비와 훈련이 학생·학부모·교사·관리자 모두에게 필요하다. 우리에게 이 모든 것을 견딜 수 있는 준비가 되어 있을까?

학교 자치의 딜레마 5

학교 자치력 측면
– 학교 자치! 자율과 긍정적인 규제

교사는 수많은 국민에게 영향을 끼친다. 50만 교원 중 1%만 나빠도 5천 명의 학생과 학부모들은 교육의 피해자가 될 것이다.

그래서일까? 교사들에 대한 비판의 강도는 점점 세지고 있다. 대입에서 학생부종합전형이 중요해진 이후 교사에 대한 불신은 더욱 높아지고, 교사의 41조 폐지, 방학 중 의무 근무, 교사 호봉제에 대한 불만이 가득한 국민 청원에 동의하는 사람들도 많아지면서 마음이 씁쓸해진다. 이에 대한 대책으로 교육부와 교육청은 전체 교사의 질적 평균을 높이고, 생애에 걸쳐 국민적 합의에 의한 교사 교육이나 훈련을 추진해야 한다는 목소리가 높다.

지금과 같은 교원능력개발평가는 아무런 소용이 없어요. 교사는 자발적인 변화 의지가 있어야 움직이거든요. 교원능력개발평가는 학교공동체 안에서 전문적 학습공동체를 통해 공동 수업안을 계획하고 실행하면서 함께 가야 한다고 생각해요. 하지만 교원능력개발평가에서 2.5점 이하의 교사는 저희도 통제할 수 없어요. 정말 말이 통하지 않는 경우가 많습니다. 학교 자치나 학교공동체로 해결할 수 없는 부분이 있다는 것을 분명히 느낍니다. 이 시간에도 이 모든 피해는 우리 학생들이 보고 있습니다.

─ ○○중학교 교사

현재에는 학교 예산 중 학생회나 학부모회에는 의무적으로 책정해야 하는 예산이 있어요. 물론 학생회나 학부모회가 학교 내 구성원들의 의견을 수렴하고 활발한 회의를 개최하는 데 부족하지만 기본적인 자치활동을 전개하는 데 무리가 없는 예산입니다. 하지만 학교 자율에 맡길 때, 다른 중요한 정책이나 의견에 밀려서 이러한 예산이 삭감되거나 사라질 수도 있다고 생각해요. 교육에서 상대적인 약자를 위한 예산은 지금과 같은 시스템이 필요해 보입니다.

─ ○○고등학교 교사

학교공동체 안에서 교사 스스로 자정 노력도 필요하지만, 분명 국가공무원으로서의 통제를 통한 질 관리 장치도 필요해 보인다. 하그리브스(Andy Hargreaves)와 셜리(Dennis Shirley)의 『학교교육 제4의 길』에서 학교 자율성과 교사의 직관성을 최대로 보장했었던 제1의 길의 결론은 어떠하였는가? 학교 간 불평등으로 많은 학생들이 피해를 보았으며, 교육에 일관성이 결여되어 교육의 공공성과 공익성에서 문제가 도출되지 않았는가? 물론 제2의 길, 제3의 길에서 나타난 표준화의 망령, 국가주의의 독재성, 치열한 경쟁과 거품의 문제점도 있기는 하다. 하지만 학교 자치를 위해 교육부와 교육청을 적으로 보고 무조건적인 교육 규제 제로화를 외치는 것이 능사는 아니다. 규제가 꼭 필요한 경우가 있다면 규제의 목적과 원칙에 대한 필요성을 교육 주체와 함께 고민하고 공유하며, 해당 규제가 학교 자치력을 해하지 않기 위해 상세한 지침으로 하달하는 것이 아니라 학교 안의 3주체가 실행 방법을 정하는 방향으로 이루어져야 한다. 학교 자치 실현을 위한 긍정적인 교육부 및 교육청의 사무의 재정립이 필요한 시기이다.

학교 자치에 대해 함께 성찰하는 질문

◆ 학교 자치를 보는 다양한 시선을 하나로 모으려면 어떻게 해야 할까요?

◆ 학교 자치를 둘러싼 딜레마 중 어떤 부분이 가장 우려가 되나요?

◆ 학교 자치에 대한 딜레마에도 불구하고 학교 자치로 가야 하는 이유는 무엇일까요?

3. 그래도
학교 자치가 답이다

학교 자치! 마스터키가 될 수 있을까?

무능력과 불신의 표적이 되어 버린 대한민국 교사. 그러면서도 대한민국은 교사에게 끊임없는 소명과 헌신을 요구한다. 꽉 막힌 관료주의와 성과주의 문화 속에서 교사는 완전히 지쳐 있다. 학교에서 얼마나 힘든지 다른 교사들, 관리자들, 학생들, 학부모는 잘 모른다. 수업을 위해, 밀려드는 행정 업무 하느라고 이 정도까지 노력하는데 왜 몰라주지?'라는 생각에 교사는 외롭다. 그렇다면 학생들에게 위로받으면 될까? 반대로 학생들에게 상처받았다면 어떻게 해야 할까? 교육청에서 제시하는 상담 프로그램? 치유 프로그램? 무조건적 휴식과 안식년? 아니면 "그냥 나 좀 내버려 둬!"가 정답일까?

소진된 교사는 어떻게 회복될 수 있을까?

파커 파머(Parker J. Pamer)의 『가르칠 수 있는 용기』, 김현수의 『교사 상처』에서 제시하는 내적 치유 처방전으로 교사가 혼자 있지 않는 것! 즉, '공동체'를 만들 것을 권한다.

'관계' 혹은 '함께'의 가치는 큰 힘을 갖는다고 했다. 기존의 관행에서 벗어나 교사 개인의 힘으로 회복하긴 힘들다. 개인의 엄청난 용기가 있다 해도 갈등 없이 전개되기 힘들다. 우리가 소진되고 아픈 이야기를 학교공동체 속에서 위로를 넘어 학교의 주체로서 이야기하고 동료의 이야기를 들어주는 과정이 필요하다. 불만을 토로하는 것이 아니라 우리 안에서 생각을 발전시키고 분석하는 과정이 학교공동체 안에서 나타나야 한다. 교사들끼리 돕는 문화를 만들어 정착시키고, 행정 업무의 부담을 덜 느끼도록 협의하여 분업 및 개선할 수 있는 방법을 고민해야 한다. 해당 학교의 문제는 해당 학교공동체 속에서 풀어야 한다. 그리고 교사에게 가장 영향을 미치는 학생들과 연대해야 한다. 엄청난 입시 부담 속에서 학생들도 외롭고 힘들며 깊은 상처가 있음을 인정하고, 공동체의 일부로서 학교공동체 안에서 만나야 한다.

마이클 애플(Michael W. Apple)은 『공교육의 미래』에서 교사에 대한 무능력과 불신의 시선은 교사 개인의 책임이 아니라 근대 교육 체제가 가진 문제를 고스란히 교사에게 전가하고 있는 사회의 문제라고 했다.

우리나라 역시 공교육이 부실해진 원인을 교육부의 투자 부족 및 정책 실패가 아니라 교사에게 전가시키려는 이데올로기가 작용하고 있다. 이렇게 이미 권력의 각축장에 등장한 교사는 공동체에 기반한 협동적인 전문성을 바탕으로 비판적 권력을 가져야 한다. 교사는 개인이 극복할 수 없는 거대한 관료주의와 신자유주의 물결 속에서 무기력하게 주저앉는 소극적 방관자가 아니라 공동체를 통해 학교 자치를 위한 변혁의 주체가 되어야 한다. 공동체 속에서 교사는 더 이상 정부 시책의 전달자가 아니며, 스스로를 소진시켜 가며 정책 변화의 소용돌이에 휘말리지 않는다. 관료주의와 시장이 아니라 민주주의와 협력적 전문성을 바탕으로 학생들을 위해 학부모, 지역사회와 연대할 수 있어야 한다.

하필 재수 없이 걸린 관리자·교사·학생·학부모 상황 아니라 공동체 속에서 주체로서 함께 곪고 있는 상처를 어루만지며 고통을 나눌 필요가 있다. 내가 바닥까지 소진된 상황을 이야기하고 민주적으로 관계를 다시 세울 수 있는 공동체가 있어야 한다.

물론 한 번에 만들어지는 공동체는 없다. 한 번에 실패 없이 공동체가 성공할 수 있다고 장담할 수도 없다. 하지만 포기할 수도 없다. 상황을 외면하고 침묵한 결과를 이미 우리는 경험하고 있다. 앞으로 교사 개인의 헌신성만을 요구하는, 교사가 소진되는 학교가 아니라 지속가능성이 보장될 수 있는 살아 숨 쉬는 민주적 학교공동체 문화가 필요하다.

결국, 소진된 우리에게는 학교공동체가 마스터키인 것이다.

학교 자치와 학교공동체가 만나다

학교는 지리적 여건과 경제적 상황에 따라 엄청난 차이가 있다. 하지만 학교의 교무 분장 조직이나 교과 운영은 모든 학교가 유사한 방식으로 전개되고 있다. 학교 자치 관련 정책은 1995년부터 언급되었으나 이것이 실제 현실적으로 전개되는 방향에서 학교 교육과정 및 운영의 전 과정에 관행적인 제약이 있었고, 학교문화에 대한 이해가 부족하였다.

이제 진보 교육감이 대거 당선되고, 지역과 학교 현장의 요구를 수용할 수 있는 분위기가 조성되었다. 이것은 하그리브스와 셜리가 주장한 교원의 전문성과 협력에 기초한 전문적 공동체주의, 즉 학교교육 제4의 길을 향해 있다. 학습공동체를 중심으로 학교에서는 민주적 학교공동체에 기반한 교육과정 재구성 및 학교 업무 정상화를 추구하는 사례가 늘고 있다. 학교공동체로부터 시작한 변화가 상향식으로 자발적인 학교 자치의 흐름을 만들어 내고 있는 것이다.

관리자 권력의 수평적 분배 역할

우리 학교는 관리자의 영향력이 엄청 센 학교예요. 관리자가 시키는 대로 전문적 학습공동체를 하게 되었죠. 그런데 전문적 학습공동체에는 교장과 교감이 들어오지 않더라고요. 자연스럽게 공식적이면서 수평적으로 아이들의 문제와 교사로서 힘든 점 등을 토론하기 시작했어요. 우리 문제와 상처를 들여다보고 토론하며 우리에게 필요한 안건을 제시하기도 하였습니다. 나온 안건에 대해 주제별 리더와의 정기회의 및 부장 회의를 통해 공동체의 의견을 나누게 되었습니다. 처음에는 관리자와 엄청 부딪쳤죠. 하지만 관리자도 공동체의 의견을 늘 무시할 수는 없었어요. 학교민주주의 지수 때문인지 눈치를 보더라고요. 설마 의견이 받아들여질까 했던 교사들이 공동체의 의견으로 존중되는 과정과 실행되는 모습을 보고 마음의 문을 여는 것 같아요. 함께한다는 게 참 좋습니다. 분명 힘이 있습니다.

— ○○중학교 교사

교사의 능동적인 참여를 이끌어 내는 역할

아이들과의 소통보다는 권위를 중요시해서 강의식 수업만 고집하는 교무부장 선생님께서 공개 수업을 하셨어요. 우리 학년의 학습공동체에서는 공개 수업 전 공동 지도안을 함께 고민하는 시간을 꼭 가집니다. 그 반의 특성과 분위기에 맞추어 어떤 수업이 좋을지 내 수업처럼 의견을 제시하는데요, 교무부장이라 어렵고 지도안에 대해 말하기도 껄끄러웠지만 우리 아이들이 받을 수업이니까 함께 의견을 나눴어요. 끝나고 교무부장님이 말씀하시더라고요. 평생 수업에 대해 이렇게 대화해 본 적은 처음이라고, 너무 고맙다고 하셨어요. 물론 그분 수업은 다시 강의식 수업으로 돌아갔지만 이렇게 시작하는 거죠. 힘든 부분을 공동체에서 같이 개선하면 좋을 것 같아요.

— ○○중학교 교사

교사의 변화는 교육청과 같은 외부의 강제보다 동료들과의 관계나 소통을 통한 협력 과정에서 일어납니다. 공동체를 통해 다른 교사와의 경험을 교류하는 것이 훨씬 더 자발적이고 능동적인 변화를 만들어 낼 수 있다고 생각합니다.

― ○○초등학교 교사

학생과의 연대 역할

우리는 다 알아요. 누가 유능한 선생님인지, 누가 아이들을 진심으로 사랑하는 선생님인지, 누가 우리를 절대 포기하지 않는 선생님인지. 어떤 학교 어떤 반에 무슨 일이 있었는지 페이스북이나 카톡으로 공유하는 정보들은 아주 강력하고 순식간에 퍼져요. 학생들을 억누르려는 학교는 지금 사회에서는 더 이상 못 버팁니다. 우리와 함께 가야죠.

― ○○중학교 학생

우리는 공동체 회의가 있습니다. 관리자·교사·학생이 참여하는 회의예요. 매주 수요일 7교시 자치 시간에 정기적으로 실시됩니다. 공동체의 일원으로서 학생들의 생활과 관련되어 일어나는 모든 것을 논의하고 토론합니다. 모든 구성원에게 열려 있는 회의 문화를 바탕으로 교사와 학생 사이에 평등한 관계를 유지합니다. 교장 선생님이 제안한 안건도 구성원을 설득하지 못하면 부결됩니다. 이 과정에서 상호 존중과 배려의 문화가 학교 전체 문화를 구성하는 데 중요한 동력으로 작용하는 것 같습니다.

— ○○고등학교, 『시민교육이 희망이다』에서 재구성

사실 전문적 학습공동체는 많은 이들이 외치는 구호이다. 전문적 학습공동체라는 용어는 그 개념보다 빠르게 확산되어 버렸다. 전문적 학습공동체는 깊은 이해와 존중을 필요로 하는 개념이며, 이를 완벽히 학습하려면 인내와 성찰이 필요하다. 이에 전문적 학습공동체에 대한 우려의 목소리도 있다. 교육청에서 정책으로 상의하달되어 내려오면서 학교문화로서의 접근이 아니라 예산과 성과를 내야 하는 사업으로 변질되는 모습도 보인다. 심지어 하그리브스는 전문적 학습공동체를 강제적이고 인위적인 협력 공동체로 표현하기도 하였다.

하지만 마이클 풀란(Michael Fullan)의 『학교개혁은 왜 실패하는가』에
서도 주장하듯 협업 문화와 공동체에 대한 메시지는 크고 분명하다. 공
동체가 강해질수록 좋은 사람들이 와서 좋은 동료들과 일하기를 원하기
때문에 공동체와 개인은 더욱 힘을 키울 수 있게 된다. 공동체 안에서
교사 개인이 가진 '나의 학생'이라는 생각에서 '우리 학생'으로 변화하
면서 집단적인 책임감을 발현시킬 수 있게 된다. 여기에 교사뿐만 아니
라 학교장·학생·학부모와의 관계 회복을 통한 공동체의 신뢰 관계 구
축을 통해 모든 주체가 수평적으로 참여하는 학교 자치를 이룰 수 있다.

교사의 시선으로 본 학교 자치 성공을 위한 선결 과제
- 구조적 측면

학교 자치를 저해하는 가장 큰 구조적인 문제는 비민주적인 학교 운영
시스템에 있다. 학생을 바르게 성장시키는 것이 학교의 본질적인 일임
에도 불구하고 그동안 대부분의 학교는 실적 중심, 과업 중심의 업무 지
향, 결과 지향의 교육활동을 해 왔다. 즉, 수업보다 업적 위주의 능력자
를 더 우선하는 경향이 있어 온 것을 부인할 수 없다. 이런 경우 업무만
있고 사람은 보이지 않는다. 따라서 함께 근무하는 동료나 타인에 대한
배려가 무시되거나 신뢰가 쌓이지 않는 불신의 관계가 되기 십상이다.
결국, 승진을 목표로 하는 경쟁 체제의 교사들은 앞서 비유한 파쇼 집단

(관리자 및 승진을 앞둔 교사)에 가담함으로써 실적을 중시하는 업무 지향적 문화에 젖어들게 된다. 이런 집단 안에서는 관리자와 교사, 교사와 교사의 수직적 관계를 전제로 '지시' '전달' '통보' 형태의 의사결정 방식을 택하게 되어 배려와 존중은 찾아볼 수 없게 되고, 함께 걸어가는 연대는 먼 나라의 이야기가 된다. 결국 믿음과 신뢰는 상실된 채 비민주적인 학교 운영 시스템을 관망하게 된다. 따라서 학교 자치는 꿈도 꿀 수 없는, 손에 잡히지 않는 허상에 그치고 마는 것이다.

승진 시스템 변화

비민주적 학교 운영 시스템을 개선하여 학교 자치를 이루어 내기 위해서는 우선 구조적인 측면인 승진 구조를 완화할 필요가 있다. 통상적으로 승진하고 출세하여 '관리자'가 된다는 것은 그 학교의 교장이나 교감이 된다는 것을 의미하고, 이는 어떤 권력적 상징으로 여겨져 '특권'을 가지는 '높은 자리'로 생각될 수 있다. 하지만 관리자는 용어 그대로 학교를 '관리'하는 자리로, 궁극적으로 학교를 잘 운영해 학생들이 효과적으로 교육적 혜택을 받을 수 있게 지원해 주는 자리가 되어야 한다. 관리자 의지대로 학교를 바꾸고, 세력을 확장하여 집단을 형성하는 제왕적 권력을 행사해서는 안 되는 것이다. 다른 구성원과 마찬가지로 학교 행사에 함께 참여하고, 모두가 동등한 조건에서 의사결정도 할 수 있도록 지원해 주는 관리자가 진정 학교를 관리하는 리더가 되는 것이다.

이를 위해 기존 승진 체제를 통해 교장이 되는 방식이 아닌, 학교 구성원 중 일부가 일정 기간 관리자의 역할을 수행하는 시스템을 고려할 필요가 있다. 즉, 현재 승진형 교장제도를 탈피하는 것은 물론이고, 개인 철학을 바탕으로 학교에 임용되는 교장공모제도 학교 자치에는 적절하지 않을 수 있다. 학교장은 일종의 보직 개념이 되어야 하며 구성원들 간에 돌아가며 수행할 수 있어야 한다. 마치 대학에서 학과장을 대학 교수들이 돌아가며 수행하는 순환 보직제의 형태로 운영해 가는 것처럼 말이다. 이는 내부형 교장공모제보다 한 단계 더 진화된 단계로 권한을 분산하는 것이라 생각하면 될 것이다.

학교로의 권한 이양

Murphy(1990)가 언급했듯이 학교 운영 관련 권한이 중앙 교육행정기관에서 개별 단위 학교로 분산될 때 학생 및 학부모 등이 바라는 현장의 요구를 더 효과적으로 반영할 수 있다. 따라서 학교 자치를 실현하기 위하여 이미 교육부와 교육청 등에서 학교로 권한이 이양된 부분 외에도 추가적으로 있었던 예산·인사 등과 관련한 권한도 부여해야 한다.

더불어 교육행정기관의 성격도 변해야 한다. 학교가 학생들을 가르치는 데 집중할 수 있도록 불필요한 공문 발송을 자제할 필요가 있다. 또 각종 업무를 잘 진행하고 있는지 평가하기보다 교육 관련 컨설팅 등 지원을 해 주는 방향으로 변해야 한다. 게다가 공모 형태로 예산을 신청하고 보고서 작업으로 결과를 보고하는 사업 방식을 지양하고, 대신에 학교에서 원하는 인적·물적 자원을 요청 시 수시로 지원해 줘야 한다.

마지막으로 교육청은 서로 소통하기 어려워하는 학교들을 연결해 주는 구심점 역할을 해야 한다. 학교마다 시행하는 사업 중 우수한 부분은 서로 벤치마킹하여 발전할 필요가 있다. 그런데 의외로 대다수의 학교들이 이웃 학교에서 어떤 교육정책을 실시하는지 모르는 경우가 많다. 따라서 교육청은 학교마다 어떠한 교육정책이 실시되고 있는지 잘 정리하여 안내해 주고, 특정 학교의 사업을 적용하길 원하는 학교가 있거나 유사한 교육환경을 가진 학교들을 서로 연결시켜 주는 등의 역할을 수행할 필요가 있다.

관리자 권한의 수평적 분배

교육청 권한을 학교로 분산할 때 학교장의 권한은 강화되어야 할까? 그렇지 않다. 교육부와 교육청 같은 중앙 교육행정기관에서 개별 단위 학교로 권한을 분산한 것처럼 학교 내에서는 학교장의 권한을 교사에게 분산해야 한다. 지금 학교에서는 의사결정 권한이 여전히 학교장에게 집중되어 있다. 학교운영위원회에서 주요 사업에 대해 심의를 하고 있지만, 대부분의 정책이 학교장의 교육철학에 근거하여 시행되고 있다. 학교 내 존재하는 위계적 구조 때문에 개별 교사의 권한을 모두 합쳐도 학교장의 영향력에 미치지 못한다.

앞서 언급했듯이 학교 자치는 구성원의 자발적 참여에 의한 민주적 운영이 핵심이다. 따라서 팀 단위로 학교 경영을 할 필요가 있다. 교육과정 설계, 교육 평가, 과목별 교재 연구는 교사 중심으로 팀을 구성하여 운영할 필요가 있고, 예산 관련 부분은 교사와 행정직 연구원, 각종 행정 업무는 교사와 실무사, 학교 생활규칙은 교사·학부모·학생이 하나의 팀을 이루어 의사결정을 할 필요가 있다. 팀 단위로 수평적인 권한을 가지고 업무를 수행하는 과정에서 학교 민주주의는 자연스럽게 발전할 것이다.

관리자는 그 누구보다도 민주적인 학교 운영 태도를 솔선수범으로 보여주어야 한다. 좋은 모델링은 또 다른 민주적 리더를 낳는다. 민주적인 학교 운영 태도를 보이는 방법은 자신이 가지고 있는 권한을 내려놓고 수평적인 관계 속에서 서로를 인간적으로 배려하는 마음으로 함께 성장하는 기회를 갖는 학교 시스템을 실천하는 것이다. 이것이 업무보다 사람을 우선하는 최고의 비결이며, 민주적인 학교 운영 시스템 속에서 학교 자치력도 회복될 수 있다. 고전(2004)은 학교 자율 운영에 대한 교육 관계자의 권리의식과 참여 의욕, 자율화와 책무 부과 등의 필요성을 연구하면서 '책임만 있고 권한은 없다'고 느끼는 비민주적 학교 운영 속 구성원의 입장을 분석한 적 있다. 기존 과업 중심의 학교문화에서 교육적 성과만을 강요받는 교사들은 책임만 있고 권한은 없는 비민주적인 수직적 관계와 학교 운영 시스템에 갇혀 학교 자치력을 상실해 간다는 근본적인 원인을 밝혀낸 것이다(고전, 2000; 양성관, 2005).

따라서 학교 자치는 헌법 제31조 4항에서 제시된 바와 같이 교육의 자주성과 전문성이 요청되는 헌법상의 권리가 기본 전제가 되고, 학교 구성원의 '권리로서의 접근'이 요청되며, 이는 관리자와 부장 교사 및 일반 교사 모두에게 위임될 수 있는 동등한 권한 부여가 이루어져야 함을 의미한다. 결국 학교 안 권력 구조를 수평적으로 해체하여 학교의 중앙집권적인 경향을 탈피하고, 구성원인 교직원 개인에게 부여되는 자율성 권한을 충분히 지지해 주는 학교 시스템의 변화가 필요하다(최태호, 2011). 김병주(2010)는 이러한 학교의 자율적 메커니즘은 새로운 시대에 필요한 교사 권한 부여 및 거버넌스 구축에 없어서는 안 될 요소라고 강조한 바 있다. 즉, 학교 구성원 모두의 자율성 존중은 민주적인 수평적 관계를 구축하게 하고, 자발적인 동기를 유발하여 의사결정에 적극적으로 참여하는 기제로 작동하게 된다. 그러한 능동적인 참여는 결국 구성원이 조직의 일원으로서 역할을 할 수 있다는 존재감과 소속감을 느끼게 해 주며, 이러한 구성원의 교육활동은 과업이 아닌 사람에 초점을 맞추어 함께 학교 교육활동을 운영해 나가야겠다는 교육 거버넌스(교육 협치) 의지와 태도를 형성케 하여 민주적인 학교문화 및 분위기를 선순환적으로 만들어 준다. 이러한 구조적인 시스템이 정착되면 승진 문화에 대한 정화작용도 일어나 그동안 왜곡된 과업 지향 능력자들의 승자독식 현상도 완충될 수 있을 것이다.

교직원 회의의 변화

교사의 의사결정 회의라 할 수 있는 교무회의에서 정책의 방향을 결정한다고 하더라도 그대로 실행되는 경우는 찾아보기 어렵다. 결정된 사항은 관리자에게 확인을 받아야 하고, 관리자가 부적절하다고 판단할 경우 교무회의를 다시 하거나, 심지어 교무회의에서 결정된 것과는 전혀 다른 방향으로 시행되기도 한다. 이러한 과정을 반복하여 경험한 교사들은 이미 관리자의 답은 결정되어 있는데 우리가 회의를 하는 것이 무슨 의미가 있느냐는 무력감과 회의감을 가진다. 이처럼 교사들이 무기력을 경험하게 되는 순간 교무회의에 의견을 개진하는 횟수가 줄어들 수밖에 없다. 학교 자치의 핵심이 민주적 참여를 통한 자율적 경영이라면, 학교장이 혼자 결정하고 교사들을 따라오게 하는 카리스마적 리더십에서 탈피하여 집단지성 중심으로 학교가 경영되는 학교 집단 리더십 중심으로 변해야 할 것이다.

　교직원 회의에 대한 공식적인 법적 지위 부여도 구조상에서 개선되어야 할 점 중 하나이다. 지속적이고 정규적인 회의 시스템은 구성원의 학교 자치 역량을 회복하는 데 가장 큰 도움을 줄 수 있다. 앞서 죄수의 딜레마에서 살펴보았듯이, 죄수들은 서로 신뢰를 갖지 못하는 관계이기 때문에 개인의 이익에 집중한 나머지 배신을 선택하게 된다. 만약 이 죄수의 딜레마를 일회성이 아니라 오랫동안 빈번하게 겪어 왔다면 어떤 생각을 하게 될까? 게임이론에 비추어 보면, 죄수의 딜레마를 장기적이고 반복적인 게임으로 진행할 경우 해당 집단에서는 약속을 어기는 사람에게 일종의 벌칙(부정적 견해)를 주고자 하기 때문에 구성원들은 집단 전체가 유리한 방향으로 규칙을 지키고자 하는 자정된 문화가 생성된다고 한다. 따라서 교직원 회의를 정기적으로 지속되는 시스템으로 인식할 때 구성원들은 집단 모두가 유리한 방향으로 나아가기 위한 일종의 '약속'을 하게 될 것이다. 승진을 추구하는 교사도 처음에는 독식을 취하겠지만, 시간이 갈수록 구성원들의 눈총과 외면으로 스스로 자성하는 시간을 갖게 될지 모른다. 시간이 흐를수록 대다수의 교사들은 승자독식이 옳지 않다는 여론을 형성하게 될 것이며, 그러한 견제는 공동체의 공익을 추구하는 방식으로 전환하게 만들 것이다. 그 속에서 공동의 규범과 같은 약속이 만들어지면 결국 자정작용이 일어날 수 있는 것이다.

이러한 약속이 좀 더 효과적인 규범이 되기 위해 법적 지위를 갖게 된다면, 교직원 회의는 명실상부 학교 자치를 회복하는 핵심 역할을 하게 될 것이다. 현재 학교운영위원회는 심의·의결 기구로 법적 위상을 확보하고 있어 학교 자치력을 신장시키는 데 큰 역할을 해 주고 있다. 하지만 교사들의 합의체인 교직원 회의는 법적 기반이 없는 임의적인 조직에 머물러 있어 그동안 학교의 중앙집권주의적 폐해를 겪어 왔던 것이다. 따라서 교직원 모두가 권한을 부여받는 민주적이고 수평적인 시스템 속에 교직원 회의를 학교 운영 전반에 대한 협의·의결 기구화하는 것은 매우 중요하다. 이는 일원적인 학교 의사결정과정을 보다 다원적이고 중층적으로 재구성하는 데 큰 역할을 해 줄 것이며, 교육공동체 구성원 간의 역할과 기능을 재정립하여 혁신적인 민주적 시스템을 가동하는 데 주요한 영향을 미칠 것이다. 따라서 학교 자치의 완성은 교직원 회의의 법제화를 빼놓고는 논의할 수 없다.

학교 행정 업무 지원 시스템

학교 자치를 한다고 모든 사업을 학교가 주체적으로 시행하고 책임져야 할까? 오히려 학교에서 처리하기 어려운 사업이나 교사가 힘들어 하는 사업에 대해서 적극적인 지원이 존재할 때 교육 중심으로 학교 자치를 실시할 여유도 생길 것이다.

현재 학교에는 학생들의 교육 외에도 학교 폭력, 안전사고, 방과후학교, 돌봄교실 등 많은 업무들이 존재한다. 따라서 중앙 정부에서는 단순히 권한을 이양하는 데 그치지 말고 학교가 담당하기 어려워하는 업무에 대한 인적 · 물적 지원 방안을 고민할 필요가 있다. 예를 들어 학교 폭력은 경찰서에서 지원받을 수 있을 것이다. 또 문제가 발생할 경우 교육청 차원에서 전문가를 학교에 파견해 도움을 제공할 필요가 있다. 이런 전문가들이 학교에 파견되어 문제를 해결한다면 학교에서 가장 처리하기 곤란한 업무를 쉽게 해결할 수 있기 때문에 학교에는 정말 큰 도움이 될 것이다.

학교 회계나 예산 등도 교사의 고유 업무가 아님에도 불구하고 현재 교사가 진행해야 하는 부분이 많다. 이 경우도 행정직원의 수를 파견 형식으로 지원하거나 아예 전산으로 처리 가능한 부분은 교육청에서 처리하는 것이 효율적일 것이다. 현장의 많은 교사들이 힘들어 하는 것은 교육 본연의 업무가 아닌 부분이라는 것을 기억할 필요가 있다.

또 모든 학교에서 곤란해 하는 방과후학교와 돌봄교실 역시 지역 주민센터 등을 통해 지원받을 필요가 있다. 앞서 언급했듯이 현재 돌봄교실의 경우 담당 교사에게 승진 가산점을 부여하여 업무를 배당하고 있다. 따라서 승진을 목전에 둔 고경력 교사나 교무부장 등의 보직 교사가 퇴근을 미뤄 가며 업무를 하고 있다. 돌봄교실은 예산과 강사 관리, 프로그램 기획, 학생 관리까지 동시에 진행해야 하기 때문에 신경 쓸 부분이 많으며, 이러한 이유로 돌봄교실 업무를 맡은 교사는 교재 연구 등 다른 일에 매진하기 어렵다. 게다가 저녁 돌봄을 원하는 학부모들은 많지만 학교마다 돌봄교실을 운영할 교사는 적기에 수용 가능한 학생 인원도 수요에 비해 적을 수밖에 없다. 만약 교육지원청 차원에서 지역 단체와 협약을 맺어 지원받을 수 있다면 학교에서는 기피 업무를 함으로써 본인 학급 관리를 소홀히 하는 경우가 줄어들 것이며, 돌봄교실의 학부모 수요를 충분히 수용할 수 있게 될 것이다.

공통적으로 어려운 업무를 모든 학교에 지원한 후에는 개별 학교가 각자의 환경에 따라 자유롭게 정책을 실현할 수 있어야 한다. 각 학교마다 요구하는 것들이 다르고, 교사들이 수행하기 어려운 것들이 다를 수 있다. 만약 지금보다 예산 집행이 더 자유로워지고 에듀파인에 명시된 영역밖의 부분이라 할지라도 학교에서 필요한 부분으로 판단되어 사업으로 진행할 수 있다면 학교 자치라는 의미에 좀 더 가까워지는 것이 아닐까? 예를 들어 과거에는 화장실 청소를 학생들이 했었지만 시간이 지남에 따라 화장실 청소가 교육적 효과도 없거니와 힘든 일이기 때문에 용역업체에 위탁하는 형식으로 변하였다. 이처럼 학교에서 부담되는 사업이나 더 특별히 요구되는 사업이 있을 경우 학교의 책임하에 외부 업체 등에 용역을 맡길 수 있다면 학교는 교육과정에 좀 더 집중할 수 있을 것이다.

또한 맞벌이 가구가 많은 학구라면 학부모님들의 도움으로 운영하는 녹색어머니 단체를 조직하기 어려울 것이다. 지금까지는 교사가 집집마다 전화를 걸어 한 학급당 3-5명 정도의 봉사해 주실 학부모님을 모집해야 했다. 교사들은 어려운 부탁을 해야 하기 때문에 곤란하고, 학부모들 역시 개인적인 업무가 있음에도 불구하고 교사의 요청을 거절하기 쉽지 않았다. 이러한 것들에 대해서는 모든 학교가 공통적으로 어려움을 겪는 것은 아니기 때문에 교육청 차원에서 지원을 해 주기보다 학교 재량 예산을 활용하여 인력을 채용할 수 있게 하면 좋을 것 같다. 단, 비정규직 고용에 관한 무기계약 이슈에 대해서는 좀 더 고민할 필요가 있을 것이다.

한편 중앙 정부에서 학교로 관습적으로 시행되는 것들에 대한 정비도 필요하다. 가장 대표적인 것으로 각종 운영 점검표 제출이다. 지금도 학교에서 일어나는 모든 사항에 대해서 대부분 그 책임 소재는 학교에 있다. 그러나 교육청에 학교 관리에 관한 권한이 있기 때문에 현재 각종 사업 운영에 대한 점검을 교육청에서 실시하고 있다. 이러한 점검의 대부분은 학교 자체 점검 후 점검표를 제출하는 형식이며, 일부 학교에 한해서는 교육청에서 직접 실사를 나오기도 한다. 이런 것이 의미가 있을까? 만약 문제가 생기면 지금도 학교에서 가장 큰 책임을 지고 있다. 이러한 논리에 근거한다면 교육청에서 요구하는 점검표 양식에 맞춰 모든 학교가 문서 작업을 하는 것은 불필요하다. 그럼에도 점검표 제출을 요구하는 것은 문제 발생 시 교육청의 면피를 위한 것은 아닌지 생각한다. 이미 각종 사업에 대한 자체 점검은 학교에서 실시하고 있다. 만약 미덥지 못하다면 학교 담당자 간의 교차 점검을 하거나, 위험 부담이 높은 것은 학부모, 경찰 등의 지역사회와 협조하여 점검하는 것이 더 바람직하지 않을까? 보고를 위한 점검표 작성과 각종 점검을 위한 목적으로 시행되는 의전 등의 불필요한 관행은 사라질 필요가 있다.

대신에 학교와 관련된 모든 정보가 공개되어 학부모와 학생들에게 제공될 필요가 있다. 특히 안전이나 대입 결과와 같이 학생·학부모·지역사회가 원하는 사항에 대해서는 개인정보를 제외하고 좀 더 쉽게 정보가 제공될 수 있게 하여 책무성을 강화할 필요가 있다.

교사의 시선으로 본 학교 자치 성공을 위한 선결 과제
– 문화적 측면

옛날에 어떤 왕이 손님을 초대하여 큰 잔치를 벌이기로 했다. 음식은 왕이 준비하기로 했고, 손님들은 포도주를 한 병씩 가져오기로 했다. 각자가 가져온 포도주는 커다란 술독에 부어서 함께 마시기로 했다.

잔칫날이 되었다. 참석자들은 각자 자기가 가져온 포도주를 술독에 부었다. 왕은 건배 제의를 했고, 모든 손님들은 자신의 잔에 따른 술을 마셨다. 하지만 포도주를 맛본 사람들은 서로를 쳐다볼 뿐 모두 말이 없었다. 그 이유는 술독에 들어 있는 것은 포도주가 아니라 물이었기 때문이다. '나 하나쯤이야'라고 생각한 손님들은 모두 포도주가 아니라 물을 가져왔던 것이다.

위 일화는 '나 하나쯤이야'라고 생각하는 사람 때문에 질서가 무너지는 것을 이해하는 데 도움을 준다. '나 하나쯤 투표를 하지 않는다고 해서 뭐 달라지겠어?' '나 하나쯤 새치기한다고 뭐 큰일 나겠어?' '나 하나쯤 담배꽁초 버린다고 해서 길거리가 얼마나 지저분해지겠어?' '나 하나쯤 회의를 관망하고 있다고 해서 학교가 잘 안 돌아가겠어?' 등과 같은 생각과 행동들이 사회 구성원 간의 신뢰를 무너뜨리고, 결국 그 피해는 고스란히 자신에게 돌아오게 된다.

자발성을 통한 관계와 신뢰의 회복

앞서 학교 자치를 위한 구조적인 혁신 제안과 더불어 우리는 학교 자치를 위한 구성원의 개인적 혁신에 집중할 필요가 있다. '나 하나쯤이야, 괜찮겠지'라는 생각들은 학교교육을 운영하는 데 구성원 간의 신뢰를 깨뜨리고, 이는 관계를 악화시키는 결과로 이어져 서로 불신 관계인 개별 구성원으로 학교에 실존하게 된다. 또한 '나 하나쯤이야'라는 태도는 공동체 참여에 비협조적인 자세를 갖게 하고, 그러한 자세는 학교 운영을 위한 교직원 회의에서 관망하는 자세로 일관하는 수동적인 존재 혹은 소속감을 잃은 객체적 구성원이 되게 한다. 이러한 태도는 '권한도 필요 없으니 책임도 주지 마!'와 같은 개인 이기주의 발상으로 이어져 건강한 공동체 역량에 큰 장애물이 된다. 결국 학교 자치를 위한 조직 구성원의 개인적 혁신은 적극적으로 참여하고, 나의 일, 우리의 일, 모두의 일이라고 생각할 수 있는 공동체적 관점을 자발적으로 갖는 일이다.

앞서 시민다운 시민이 되기 위해서는 나의 일과 너의 일이 아닌 무연관계에 있는 다른 사람의 일에도 관심을 가져야 한다고 말한 바 있다. 학교는 조직으로 구성되어 있기 때문에 구성원 하나하나의 개인적인 일만이 아니라 구성원 모두에게 해당되는(나와 큰 관계가 없지만) 일까지도 자발적이고 능동적인 의사와 행동으로 참여하여 주체로서의 학교 구성원이 되는 자기혁신이 이루어져야 한다. 이것이 시민다운 시민이 되는 길이며, 학교 구성원으로서 스스로 권한을 행사하는 주체가 되는 것이다. 스스로 학교 일에 참여하고 권한을 행사하는 시민성이 학교 구성원들에게 요청된다.

자율과 책임의 회복

학교 자치는 결국 학교의 전문적 자율성을 존중하기 위한 것이며, 학교라는 조직의 민주적 운영과 학교의 개성을 살리기 위한 것이어야 한다. 이러한 학교 자치는 교사들의 자율성과 책무성에서 시작되는 것인데,

우리는 스스로 학교를 운영하고자 하는 자율적인 권한인 '자기결정'과 민주적인 규범적 잣대에 걸맞는 '자기통제' 속에서 학교를 위한 자율성 (autonomy) 권한을 행사해야 할 것이다. 만약 자기 결정만 있고 자기통제가 없다면, 이는 다시 제왕적 권한을 행사할 가능성이 높아진다. 따라서 자기결정을 위한 자율성은 반드시 규범적 기준이라고 할 수 있는 자기통제와 함께 연동되어야 하며, '나 하나쯤이야'를 극복할 수 있는 자율적 판단(자기결정)과 실천(자기통제)으로 학교 자치가 꽃피워야 할 것이다.

공동체 속에서 참여의 회복

현재 학교에서 시행되고 있는 정책 중 교사의 전문성 신장을 통해 교육의 질을 개선하기 위하여 교사 학습공동체가 실시되고 있다. 교사 학습공동체는 기존 이론 위주의 연수 프로그램에서 벗어난 것뿐만 아니라 동료 교사들이 교육에 대한 고민을 위해 모인다는 것 자체가 매우 의미 있다. 학생들의 성장과 더불어 학교 운영과 관련한 사항을 고민한다면 교사 학습공동체야말로 학교 자치에서 가장 중요한 협의체가 될 수 있을 것이다. 그러나 이러한 교사 학습공동체가 모든 학교에서 잘 운영된다고는 할 수 없다.

함형인 외(2014)는 학교에서 업무, 수업 준비, 학생 상담 등의 이유로 교사들이 모이는 것 자체가 어렵기 때문에 교사 학습공동체가 성공하기 어렵다고 보았다.

서경혜(2009)는 교사 학습공동체가 잘 이루어지지 않는 이유로 다음 4가지를 언급하였다. 첫째, 교사들이 수업, 수업 준비, 생활지도, 잡무 등으로 인하여 모이는 것 자체가 쉽지 않다. 둘째, 시간을 내서 모여도 협력의 방법을 알지 못한다. 셋째, 비자발적으로 모일 경우 형식적인 수준에서 협의회가 진행된다. 넷째, 서로 간섭하지 않는 교직 문화 자체가 교사 학습공동체를 막는다.

반면 유경훈(2014)은 혁신학교에서는 교사 학습공동체가 비교적 잘 운영되는데, 그 이유가 교사들이 자주 만나서 소통하는 조직문화 때문이라 하였다. 즉 혁신학교의 교사 학습공동체 성공은 교사의 자발적 참여가 가능한 조직문화 조성 때문인 것이다. 따라서 일반 학교에서도 교사들이 자주 만나서 이야기할 수 있는 시간과 장소를 조성해 주는 것은 물론, 학교 의사결정에 좀 더 쉽게 참여할 수 있도록 구조적인 개선이 필요하다. 관리자는 교사가 더 소통하고 참여할 수 있도록 시간과 공간을 지원해야 하며, 교직원 회의 결정 사항을 적극 수용하는 모습을 보여 줘야 한다. 또한 교사들은 서로에 대한 신뢰를 바탕으로 교재 연구 목적 외에도 자주 소통할 필요가 있다.

Bryk 외(1999)는 교사 학습공동체의 발전을 촉진하는 요소로써 작은 학교를 이야기하였다. 학교 크기를 인위적으로 줄일 수는 없으니 학습공동체 모임의 크기를 작게 하여 서로 자주 만나게 할 필요가 있으며, 이때 불필요한 보고서 등을 통해 실적을 요구하는 관행도 사라져야 할 것이다.

대한민국 교사! 지금은 아프지만 우리에게도 내일이 있다. 그 내일은 오늘 우리가 만들어 간다. 우리가 지금 어떤 씨앗을 학교에 뿌리느냐에 달려 있다. 민주주의는 문자로만 존재하고 실제로는 경쟁이 지배하며 서비스로 전락한 관료적 교육 시스템에서는 협력 문화가 설 자리를 잃기 쉽지만, 교사 개인의 힘이 아닌 민주적이고 수평적인 공동체의 힘으로 학교 자치라는 새로운 씨앗을 뿌려야 한다. 그리고 그 씨앗의 중심에는 학생들이 있어야 한다는 것을 잊지 말아야 한다.

학교 자치에 대해 함께 성찰하는 질문

◆ 교사 학습공동체에서 우리의 상처를 회복한 경험이 있나요?
◆ 교사 학습공동체를 통한 학교 자치가 잘 이루어지려면 어떤 조건들이 더 필요할까요?

제2장

학교 자치를 보는
제도적 시선

1. 학교 자치를 지원하는
   교육청의 시선

'학교 자치'라는 용어가 교육감의 공약에 등장하고 있다. 하지만 한국형 학교 자치에 대한 상이 정립되지 않아 학교 자치에 대한 개념을 지역별 교육감마다 다르게 적용하고 있는 듯하다. '자치'의 기본적인 뜻은 선출·보직이 전제되어야 하는데, 교육 자치의 용어는 교육감을 직선제로 뽑기 때문에 가능하나, 학교 자치는 선출·보직된 학교장이 전제되지 않는 이상 모순적인 의미를 포함한다.

학교 자치가 이루어지기 위해서는 단위 학교 운영에 관한 권한의 확대, 학교 내 민주적 의사결정 시스템, 그리고 학교 현장 지원을 위한 교육청의 역할에 대한 제고가 필요하다. 이를 위해 경기와 서울에서는 학교 자치의 개념을 비교적 명확히 이해하고 공약에 반영하고자 하였으며, 경기와 인천, 전북 교육감은 학교 자치를 위한 내부형 교장공모제 확대를 공약에 포함시켰다. 진보 성향 교육감들은 학교 자치를 위한 민주적인 학교, 교원 승진제도의 혁신, 혁신학교의 확대, 혁신교육지구, 마을교육공동체 정책에 대해 공동 공약으로 선거 과정에서 결의한 반면, 아직 학교 자치에 대한 고민도 없고 학교 자치를 교사 업무 경감 측면에 대한 정도로만 인식하여 5대 공약에 아예 언급도 안 한 교육감도 있었다. 다음은 17개 시·도 교육청 교육감 공약 중 일부를 발췌한 내용을 데이터화하여 워드클라우드 형태로 도식화한 것이다.

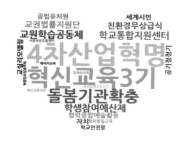

서울시 교육감

경기도 교육감

대구시 교육감

세종시 교육감

'학교 자치'라는 용어는 아직은 법적인 근거가 없는 용어이며, 시 · 도 교육청이나 교원 단체에서 이슈화되고 있는 상황이다. '자치'의 사전적 정의는 일반적으로 지방 공공 단체가 국가 의사로부터 어느 정도 독립하여, 공인된 사람에 의하여 국가로부터 위임받은 행정 업무를 수행하는 일을 말한다. 이를 해석하면, 학교 자치가 가능하기 위해서는 학교에서 외부의 견제를 받지 않고 자생적으로 운영될 수 있는 형태의 책임 운영 시스템이 있어야 한다. 하지만 현재 학교는 인사 · 예산 · 감사 · 재정 · 정책 어떤 것도 자생적으로 해결할 수 없으며, 결정적으로 권한이 위임된 책임자가 선출 · 보직되지 않는다. 다시 말하면 현재의 법 · 제도는 '학교 자치'라는 용어를 쓸 수 없게 설정되어 있다. 제도적 측면에서 학교 자치는 아직 먼 얘기이거나 완성되지 않은 상황이다.

일반 자치가 시작된 지 20년이 지났기에 현재를 기준으로 볼 때 중앙 정부와 일반 자치와의 갈등은 많지 않다.[3] 이에 비해 직선제로 민선 교육감을 상징하는 교육 자치가 시작된 지는 10년이 지났는데, 그 과정에서 많은 갈등이 있었다. 현재까지도 교육 자치가 완성되었다고 보기 힘들다. 교육감 직선제는 이뤘지만, 일반 자치와 교육 자치와의 연계 – 통합 – 분리 문제와 중앙 정부와의 관계 설정이 무척 애매하기 때문이다. 교육 자치조차 상황이 이러한데, 학교 자치까지 나아간다면 매우 혼란

---

3 정당을 달리한 지역에서는 일부 갈등이 있었다. 대표적인 예로 무상복지 문제로 성남시와 경기도청이 갈등을 빚은 사례가 존재한다(2016).

스러운 상황이 야기될 수밖에 없다. 이 장에서는 학교 자치의 이해를 돕기 위해 제도적으로 몇 가지를 살펴볼 것이다. 주로 지금까지 논의되어 왔던 제도 중심으로 살펴볼 예정이다.

학교 자치! 교육청의 시선 1
학교가 아직 준비가 되지 않았어요

학교 자치가 화두가 되었지만 정작 시·도 교육청에서는 학교 자치에 대해 '교육청에서는 지원하려 하고 있으나 학교가 시작할 준비가 되지 않았다'는 입장을 주로 피력한다. 여기에 모순이 있다. 자율과 자치를 경험하지 않은 학교에서는 자생적으로 자치를 준비할 수 없다. 마치 과거에 신분제가 폐지될 당시 민주주의를 경험하지 않은 노예들이 신분제가 폐지되어 평등 사회가 되었지만, 자유가 익숙하지 않아 다시 노예의 삶을 살기 위해 주인집으로 들어간 것과 유사하다. 닭이 먼저냐, 달걀이 먼저냐의 논란이 될 수도 있지만, 권한을 쥐고 있는 이들이 권한을 내려놓는 것이 먼저다. 준비되지 않은 학교 현장을 탓한다면 언제까지나 학교 현장은 준비되지 않는다는 결론이 나온다. 또한 현재 법·제도가 뒷받침되지 않은 상황에서 위법적인 성격을 가진 채로 학교 자체에서 준비를 강요하는 것도 어렵다.

　우리나라는 교육 분야에 있어 시민사회 단체가 올바른 역할을 하지 못하는 경향이 있고, 교원 단체에서도 큰 그림을 그려 나가는 역할을 하지 못해 아쉬울 때가 많다. 앞서 말했듯 교육 자치도 확고한 기반을 잡고 있지 못하는 상황에서 학교 자치는 먼 이야기일 뿐이다. 길들이려는 입장에서는 학교는 준비가 안 되었다면서 '감사 – 정책 상의하달 – 징계'라는 카드로 학교를 길들여 왔고 자율권의 제약을 가져왔는데, 이 기조가 바뀌지 않는다면 학교는 자생적으로 변화할 수 없고, 학교 자치는 탄생하기 요원하다. 제도적인 변화가 이루어진 후에 내부 구성원의 동력을 이끌어 내야 하는 열악한 상황임은 분명하다. 마치 주5일제 도입 시점에서의 논란이나 현재 최저임금제 논란과 비슷하다. 도입하게 되면 나라가 망할 것처럼 우려의 목소리가 컸으나, 결국 자생성을 가지고 적응해 갔다. 과거 세월호 참사[4]가 터졌을 당시 교육부와 교육청은 1년이 넘도록 행정 업무가 마비되었으나 아이러니하게 학교는 여전히 잘 돌아갔다. 오히려 더 활발하게 움직였던 시기라고 기억된다. 노키아가 무너진 핀란드에서는 초창기 GDP가 낮아져 나라가 망할 것처럼 말하였지만, 소규모 스타트업이 활성화되는 현상이 나타나고 자생성을 가진 기업들이 늘어나고 있다.[5]

---

4 2014년 4월 16일 안산 단원고 수학여행 중 일어난 안타까운 사고이다. 이 과정에서 교육부나 교육청은 업무 중단에 가까운 상황이 벌어졌다. 2018년 민사 소송에서 세월호 참사에 대한 국가의 책임을 인정한 판결을 내렸다.
5 물론 반론의 여지는 존재한다. 그러나 대한민국처럼 공룡 기업이 존재하는 한 하청 기업이나 중소기업은 살아갈 공간이 별로 존재하지 않는다. 역사가 증명하듯 기득권 중심으로 움직이는 정책과 환경은 오래가지 못한다.

학교 자치! 교육청의 시선 2
학교 자치의 표준화

혁신학교는 전면적으로 학교 자율이라는 용어를 쓰기 시작한 최초의 정책이다. 초창기 혁신학교는 교육청에서 학교를 거의 독립시킬 것처럼 정책을 만들었다. 50% 정책과 공문의 자율권을 준다고 할 정도였다. 이는 학교 자치의 시작이라고 볼 수 있는 획기적인 시도였으나, 혁신학교의 양적 확대와 함께 혁신학교의 자생적인 학교 생태계는 붕괴에 가까운 모습으로 이어지기도 했다. 현재 혁신학교가 전국 1만 개의 학교 중 10%를 넘어가고 있지만, 초창기 혁신학교 모습처럼 자생적으로 움직일 수 있는 곳은 거의 없다고 본다. 즉, 시스템을 갖춘다는 것은 표준화를 한다는 것이고, 표준화를 한다는 것은 교육청이 주도권을 가지고 있다는 것을 방증하는 것이므로, 표준화는 자율과 자치의 역행에 가깝다. 흔히 매뉴얼과 공문으로 상징되는 교육청의 권한이 강화될수록 학교의 자율권은 줄어들고 자치를 위한 기반 자체가 흔들리게 된다.

학교 자치! 교육청의 시선 3
인사 · 예산 · 감사권과 공존할 수 없는 학교 자치

학교 자치가 정착된다고 하더라도 고민은 남는다. 대다수의 사람들이

의아해 하겠지만 현재 학교 자치가 가능한 곳은 사립학교이다. 인사권과 예산권이 어느 정도 독립되어 있기 때문이다. 그럼에도 사립학교가 민주적이고 혁신적으로 잘 운영되고 있다는 이야기는 들리지 않는다. 물론 일반화할 수 없지만, 사립학교는 재단이나 이사진에 따라 굉장히 독자적인, 더 나아가서는 독재가 가능할 정도의 권한을 가진다. 견제 장치가 없는 자치는 우려스러운 부분이 생길 수 있다는 것을 반증하는 것이다.

공립학교의 경우에는 전보제도로 인해 교사들이 이동하므로 사립학교와 같은 문제는 덜하지만, 학교 자치가 이루어질 수 있을 정도의 이해도를 가지기 전에 이동해 버린다는 단점이 있다. 이는 학교 자치의 한계점으로 작용할 것이다. 학교 자치와 교원 인사(전보, 승진 등)는 교집합이 거의 없는 이질적인 것이라 볼 수 있다. 자치를 하려면 공문이나 정책도 학교 측에 선택권을 가질 수 있도록 해야 하는데, 인사에서는 현재 법·제도상으로 학교 자치를 방해하는 요소만 가지고 있는 상황이다. 미국을 비롯 외국 학교에서는 교육공무원이 아닌 계약직 교원이 있기에 인사에 대한 독립성이 가능하고, 지역사회나 지역 교육국 중심의 교육체제가 이루어지는 역사적 맥락이 있기에 가능한 것이다.

더 고민해야 하는 부분도 있다. 우리나라는 표준화를 통해 열악한 농·어촌 벽지 학교에 우수한 교원을 공급하고 있고, 실제로 효과도 일부 거두고 있다. 교사 순환제로 인해 교원을 수급하고 있는 상황이 변화할 수 있는 조짐도 보인다. 교장공모제 확대(또는 추후 선출·보직제 신설)

는 승진 점수제의 매력 감소로 인해 농·어촌 벽지 학교 황폐화를 가져올 수 있다는 우려도 존재한다. 일부 타당한 얘기지만 언제까지고 승진 점수로 교원의 희생을 유인하는 것은 불가능해 보인다. 대안으로 지역 수당 신설을 논의해야 하나, 인사 문제는 선뜻 손대기 어려운 뜨거운 감자라는 생각과 많은 비용이 든다는 한계로 인해 누구도 나서서 해결하려 하지 않고 과거의 제도에 정체되어 있다. 학교 자치가 이상적인 논의에 불과하다고 말하는 이들은 교원 인사 문제를 해결하지 않고서는 학교 자치가 만들어질 수 없다는 논리를 주로 피력하고 있다. 이상에 가까운 학교 자치는 실질적인 제도가 뒷받침되지 않는다면 찻잔 속의 태풍에 그칠 것이다.

감사 방식도 마찬가지다. 감사를 중앙집권적으로 하다 보면 감사를 위한 감사, 즉 꼬리가 머리를 흔드는 현상(Wag The Dog)이 발생한다. 감사를 위해 모든 학교 현장이 잠재적인 범죄자 취급을 받게 되고, 감사 내용은 성과로 포장된다. 털어서 먼지 안 나는 사람 없다는 말이 있듯이 감사는 학교를 위축시키고 더욱 종속되게 만든다. 감사의 기능 확대는 생각하지도 못한 거대 공룡 기관의 탄생을 만들고, 학교 현장에서는 감사로 인해 교육과정이 위축되거나 축소되는 현상이 지속적으로 발생한다. 예를 들면 학생을 위해서 사업을 하다가 행정적인 착오로 인해 징계를 받게 되는 교원이 생기게 되면 해당 교원은 물론이고 그 학교, 해당 지역에서도 적극적으로 교육과정을 펼치려 하지 않고 온갖 보신주의가 판을 친다. 학교 내에 발생하는 안전사고에 대해 해당 교원과 관리자(교장, 교원)를 징계하게 되면 학교 내에는 보신주의가 만연해 행정 문서로 면피하려는 교원들이 증가하는 것과 같은 현상이다.

감사 기능의 확대가 학교의 자율권을 축소하는 것은 자명한 현상이다. 물론, 범죄를 저지르는 교직원은 처벌받아야 하고, 원칙은 존재해야 한다. 신뢰하지 않는 사회는 오히려 더 큰 부작용을 가져온다. 유대인들은 거래를 할 때 문건으로 보장을 하는 것이 아니라 상호 신뢰를 바탕으로 거래를 하였고, 그것이 경제 발전에 큰 역할을 했다고 한다. 학교라는 기관을 잠재적인 범죄자 집단으로 생각해서 접근하는 것은 학교 자치의 상황과 맞지 않다.

학교 자치! 교육청의 시선 4
정말 학교 자치를 원하는가

가장 중요한 것은 교육의 주체인 교원이나 학부모, 학생이 학교 자치를 원하느냐는 것이다. 그리고 그것을 원하는 이들은 과연 그것을 감당해낼 수 있고, 책임을 질 수 있는지 여부이다. 학교 자치를 원하는 이들의 논리는 이중적인 경우가 많다. 지금까지 혁신학교의 확산을 주장했지만, 혁신학교에서 교육혁신과 책임교육을 완수하려고 했던 행정가들은 많지 않았다. 혁신학교를 만들었던 일부 진보적인 교원들도 여러 시스템에 실망하여 혁신학교를 떠나기도 하였다. 인적 동력을 상실한 교육

제도는 전시행정으로 전락한다.

교육청이 제도적인 시스템을 만들고, 학교에 권한을 내려보내는 것에 저항이 발생하기도 한다. 그 저항의 이유는 오해와 불신 그리고 책임 회피가 많다. 이러한 요소들을 타파해야 하는 것은 교육청의 몫인데, 교육청이 이를 감당해 낼 수 있는 여건이 되지 않거나, 담당자의 마인드 자체가 구시대적인 경우들이 많다. 그리고 학교 구성원은 자율성은 달라면서도 책임은 교육청에서 지라고 말하기도 한다. 그것은 네모난 동그라미를 그리라는 것과 같다. 학교 자치는 스스로 운영되는 시스템을 말하기에 이것은 누가 맡아서 해주고, 저것은 매력적이니 내가 할 수 있다는 판단이 있을 수 없다. 모든 것을 학교 안에서 해결해야 하는 것이 학교 자치의 시작이다. 특히 제도적인 측면에서 봤을 때는 더욱 그러하다. 선택적 사항이라고 한다면 학교 자율이라는 표현이 더욱 어울릴 수 있다. 이것의 차이를 분명하게 인식한 후 학교 자치를 시작하여야 한다.

학교 자치와 교육청의 미래 모습 상상하기

이제 교육청과 학교장이 가졌던 권한을 분산시켜야 할 시대적 과제가 우리 앞에 놓여 있다.

교원 행정 업무 경감과 관련된 많은 연구에서도 지적되었듯, 대한민국 교사들이 학교에서 힘들고 한없이 소진되는 것은 업무가 많아서가 아니다. 교사에게 주어진 권한이 없고, 그 속에서 주체적인 인간관계가 힘들어서였다. 학교 자치의 권한이 주어진다면 교원·학부모·학생의 교육 3주체가 자율적으로 움직일 수 있는 힘이 생길 수 있다.

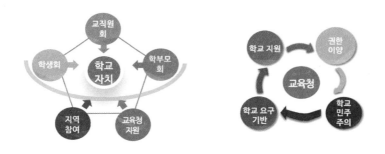

이상적인 학교 자치의 모습 상상하기   학교 자치를 지원하는 교육청의 역할

이러한 학교 자치를 지원하기 위해서 시·도 교육청이 추진해야 할 정책을 3가지 측면에서 분류해 보면 다음과 같다.

첫째, 교육청은 학교 자치를 위해 학교 지원의 역할로서 기존의 위계적이고 관료적인 교육청의 모습을 탈피하여 현장을 지원하는 지원 센터로서 역할을 재구조화해야 한다.

둘째, 단위 학교의 권한을 확대하는 역할로서 교육청의 권한을 얼마나 자율적으로 이양하는가에 대한 측면이다. 학교가 학교다울 수 있도록 불필요한 규제 폐지 및 행정 업무 경감, 교사의 교육과정에 대한 자율권 확대, 학교 예산의 자율권 확대, 교감·교장 선발의 다양화 및 공모제 확대에 대한 정책이 필요하다.

셋째, 학교 민주주의 강화를 위한 교육청의 역할로 공동체를 통한 민주적 의사결정을 확대하고, 교육 주체의 권한을 확대함으로써 실질적으로 학교 운영에 참여할 수 있는 제도를 마련하도록 해야 한다.

◆ 학교 자치를 위한 교육청의 역할 ◆

학교 지원 역할	학교 권한 확대	학교 민주주의 강화
• 교육청 조직 개편 • 일하는 방식 개선 • 교육지원청 재구조화 • 상향식 교육청 평가 • 학교지원센터 역할 등	• 불필요한 규제와 제도 폐지 • 교사 교육과정 자율성 확대 • 교원 행정 업무 경감 노력 • 학교 기본운영비 확대 • 교장 · 교감 선발의 다양화 • 내부형 교장 공모 확대 등	• 민주적 의사결정 확대 • 민주적 학교문화 조성 • 교육 주체의 법제화 • 교사회, 학생회, 학부모회의 실질적 학교 운영 참여 등

학교 자치를 지원하기 위해서 시 · 도 교육청은 학교 현장에 대한 지원, 단위 학교 권한의 확대, 학교 민주주의 강화를 3가지 측면에서 동시에 접근해야 한다. 이는 제도와 법률로써 보장해야 한다. 학교 자치를 성공적으로 이끌기 위해 교육청에서 지원해야 할 구체적인 법과 제도에 대해 살펴보자.

학교 자치를 성공으로 이끌 제도 1
교장선출보직제 또는 교장공모제의 수정

교장선출보직제를 처음 들고 나온 것은 진보적 교원 단체였다. 교장선출보직제는 학교장을 권력을 가진 자리, 승진의 지위가 아닌, 학교공동체의 갈등을 조정하고, 교육활동을 지원하는 직무를 수행하는 교사로 보자는 시작이다.

교장선출보직제[6]는 장점과 단점이 명확하다. 장점은 기존 승진 점수와 관계없이 학교에서 역량 있는 교원이 희망에 의해 교장직을 수행할 수 있다는 점이다. 학생·학부모·교원인 교육 3주체 다수의 선택을 받아야 하는 것은 가장 큰 장점이라고 꼽을 수 있다. 단점으로는 교장선출보직제 자체가 기존 학교에 근무했던 교원들을 전제하기 때문에 외부 자원의 유입이 자유롭지 않고, 설사 허락하더라도 외부자가 선택되기 힘든 상황이 연출된다.

우리나라는 2005년 이후 교장공모제법에 따라 교장공모제를 하고 있다. 하지만 초기 입법 발의된 것에 비하면 상당히 변질된 형태라 볼 수 있다. 교장공모제는 초빙형·개방형·내부형의 3가지 형태로 구성된다. 초빙형은 교장 자격증을 가진 이들이, 개방형은 교사 자격증을 갖지 않은 이들이, 내부형은 교장 자격증이 없는 이들이 지원한다. 초창기 교장

---

6 물론 교장선출보직제의 경우 아직까지 제도화되지 않았기에 사람들마다 상이 다르다.

공모제의 취지[7]는 승진 점수와 관계없는 이들이 학교장이 될 수 있는 길을 열어 둔 것으로, 사실상 교사 누구나 학교장이 될 수 있도록 하는 것이었다.

재미있는 사실은 우리나라처럼 교원이 학교장을 하는 체제는 전 세계를 통틀어 동북아시아 일부에 한정된다. 개방형의 카드는 교원들의 반발로 축소되어 전국에 일부 소수 특성화 학교에서만 가능하다. 그 수는 손가락으로 꼽을 정도다. 내부형 교장의 경우 특정 교원 단체의 반발로 내부형 교장이라는 제한이 생기고, 그 제한마저 자율학교의 해당 비율로 또 제한을 받는다. 2018년 현재까지 전국 1만 개의 학교 중 내부형 교장의 숫자는 1백여 명에 불과하다. 법의 취지와는 다르게 진행되었다는 것을 알 수 있다. 논란 끝에 2018년 교장공모제의 내부형 비율이 50%로 상향되었으나, 자율학교의 50%라는 제한이 있기에 크게 다르지 않다. 경기도를 제외한 다른 시·도에서는 내부형 교장공모제를 추진하기란 쉽지 않다. 초빙형은 교장 자격증이 있는 이들이므로 사실상 기존 승진제와 크게 다르지 않다.

이처럼 우리나라에서 교장공모제의 파급력은 미미하고, 여전히 승진제가 교원들 사이에서 뿌리 깊은 관행으로 자리 잡고 있다. 교원들이 잘못했다기보다는 국가 정책사업에 대한 대가의 수단으로 승진 점수를 지속적으로 만들어 내면서 생겨나는 부작용이 컸던 것이다. 교장공모제

---

7 이주호 전 국회의원(이명박 정부 시절 교육부 장관) 대표 입법 발의.

의 가장 큰 문제는 학교운영위원회 중심으로 교장공모제의 형태와 방식을 결정하는 것이다. 최종적으로 시·도 교육감이 교장의 형태와 방식을 결정하는 것도 이상하다. 공모제를 보완하는 것도 필요할 수 있으나 교장선출보직제를 교육 3주체가 만들어 나가는, 실제로 학교 자치의 권한을 보장하는 형태가 필요하다.

자신들의 리더를 결정할 수 없는 자치는 있을 수 없다. 일반 국민이나 학부모들은 내부형 교장공모제에 대해서는 잘 모르며, 자신들의 손으로 학교장을 뽑을 수 없다는 것에 대한 아쉬움이 크다. 학부모와 교원의 무관심이 이를 가속화하는 데 기여하고 있다. 학생의 참여 자체를 원천적으로 막기도 한다. 교장선출보직제가 가시화된다면 학부모·교사·학생 등 교육 3주체의 관심도가 높아져 학교의 무분별한 사업에 제동을 걸 수 있고, 교육적인 효과를 높일 수 있다. 물론 중간 합의 과정에서 진통이 예상된다. 교장선출보직제를 시행한다면 그 방식이나 합의 과정 모두 학교 자율로 보장되었으면 한다. 원칙만 법으로 만들고 세부 사항이나 매뉴얼을 교육청에서 제시하지 않는다면 구성원들이 진통을 겪겠지만 더욱 발전할 수 있을 것이다.

안타깝지만 교장선출보직제에 반대할 집단은 교사들이라 생각된다. 교사들은 승진제도 개혁 자체에 상당 부분 반대한다. 입장은 충분히 이해할 수 있으나, 학부모와 학생들의 입장과 상당히 상충된다. 입법을 하는 정치인들은 교장선출보직제에 대해서 관심이 없고, 교총과 전교조가 합의하면 법안을 발의해 주겠다는 정도다. 유권자인 학부모가 각성하고 여론화한다면 표에 민감한 정치인들은 반응할 것이다. 교장선출보직제가 된다고 각 집단이 현명하게 대응하리란 보장은 없지만 시도해 볼 수 있는 정책이다.

내 손으로 리더를 뽑을 수 있다면 교육의 각 주체는 주인의식을 가지고 학교가 달라질 수 있다. 이는 학교 자치의 확실한 시작이라고 말할 수 있다. 교장선출보직제를 도입하기 어렵다면 현행 교장공모제도 교육부의 매뉴얼을 폐기하고 학교 현장에게 권리를 부여하여 동일한 효과를 누릴 수도 있다. 교육부의 매뉴얼은 매우 세세한 부분까지 정의하고 있어 사실상 학교나 교육청의 재량권을 막아 놓았다. 마치 대학 입시의 학생부종합전형 논란과 마찬가지로 공정성을 이유로 혁신성과 권한을 막아 놓은 것과 같은 상황이다. 단적으로 말하지만 현재 제도는 공정하지도, 타당하지도 않은 기형적인 괴물이다. 교육부와 정치인들만 모르고 있을 뿐이다. 면피 행정을 하는 자들과 표가 되지 않는다는 생각으로 관심도 없는 이들의 합작품이다. 내 아이가 명문 대학에 가는 것보다 중요한 것이 내 아이가 행복한 학교에 다니는 것이다. 그것의 시작은 내 손으로 학교의 리더를 뽑는 것이다.

학교 자치를 성공으로 이끌 제도 2
학교 예산의 자율권(기본운영비) 확대

교육 자치의 가장 큰 문제는 예산에 대한 자율권이 없다는 데 있다. 과거 박근혜 정부 시절 누리과정 사태에서 보듯 교육 자치를 위한 예산에 대한 자율권은 존재하지 않는다. 자치를 오랫동안 지속해 온 유럽은 중앙 정부와 지방 정부의 정책 사업에 대한 명확한 정의와 예산의 배분 방식 등을 정의해 놓았다. 그러나 우리나라는 정해 놓은 방식이 없기에 쟁점별로 치열하게 싸울 뿐, 법제화되지 않는 경우가 많다.

학교 운영에는 예산이 큰 비중을 차지하는데, 현재 학교는 시·도 교육청이나 중앙 행정기관(교육부, 여가부, 문체부 등)의 특별교부금이나 목적 사업비를 바라만 봐야 하는 상황이다. 이로 인해 학교가 시·도 교육청이나 중앙 행정기관에 종속될 수밖에 없는 상황이 되어 자율권을 획득하는 데 매우 어려운 구조이다. 여기에 길들여진 정치권이나 각 단체들은 사안별로 사업을 구성하라 하고, 사업이 제대로 안 되면 그 책임을 단위 학교나 지역교육청에 묻는다. 대표적인 예가 기초학습부진 정책이다. 지역적 상황에 기인하는 문제임에도 마치 학교가 운영을 잘못한 것처럼 채근하고, 법규나 제도, 정책을 만들어 악순환이 지속된다. 이는 더 많은 학교의 자율권 침해로 이어지고, 좋은 교사들이 학교를 떠나는 상황이 반복된다. 열악한 지역에 예산을 더 많이 배분하는 교육복지법이 해결책이 될 수 있는데, 힘 있는 유권자가 없는 열악한 지역은 오히려 소외되는 것이 현실이다.

  학교 자치를 위한 예산의 독립은 불가능에 가깝지만, 안정적인 예산의 배분은 필요하다. 특히 예산의 사용에 있어 자율권이 있어야 한다. 현재와 같은 감사 방식과 예산 사용 방식은 더 많은 행정을 만들어 내고, 서로를 믿고 진행하는 학교 자치에 역행하는 처사다. 학교 예산에 있어 특별교부금이나 목적사업비는 교육청 사업을 위해 내려오므로 사용처가 교육청에 의해 일방적으로 지정되거나 제한되어 있어 학교의 자율성을 침해하고 있으며, 사업비 정산을 위한 행정 업무가 과중해진다. 이러한 정책에 의한 사업비가 축소되면 학교 기본운영비가 확대 가능하다. 일부 학교를 대상으로 하는 목적사업비와 같은 사업을 과감하게 폐지하고 예산을 통합하여 학교가 자유롭게 예산을 편성 및 운영할 수 있도록 학교별 기본운영비를 확대하는 방향으로 가야 한다. 교육청은 각 부서별로 쪼개져서 내려오는 특별교부금이나 목적사업비를 출발점에서 재검토하여 포괄적으로 통합하여야 한다.

  일부 교육청 내부에서는 각 부서의 존재를 정책 사업으로 증명하려는 관성이 있어 정책사업비가 없어지는 것에 대해 해당 부서의 존폐를 걱정하고 이를 꺼리는 것도 사실일 것이다. 하지만 교육청은 정책과 사업을 만들어 진행하는 것이 존재의 목적이 아니라 좋은 학교교육을 위해서 존재한다. 이에 교육 자치 시대에 어울리는 교육청의 기능과 역할의 개편이 필수적이며, 촘촘한 부서별 칸막이 문화를 해소하고 학교가 자율성을 가지고 운영할 수 있도록 지원하는 체제로 전환해야 한다.

학교 자치를 성공으로 이끌 제도 3
권한 분배를 위한 교육 3주체 법제화

교육 3주체 법제화란 교사회·학생회·학부모회의 권한과 책임을 법적으로 부여하여 서로 간의 소통과 협력 문화를 구축하자는 것이다. 이를 통해 학교 구성원의 의견이 민주적으로 반영되어 학교교육의 질을 높일 수 있다. 교육 3주체 법제화는 시·도 교육청의 공약으로 수차례 제시되었다. 특히 전국시도교육감협의회에서는 이 논의를 상당히 진행하였는데, 여기에 대한 상이 모두가 다른 게 지금의 현실이다. 이는 학교 자치를 모두 다르게 해석하는 것과 같다. 모두가 이해관계에 따라서 다르게 해석하고 있지만, 학생과 학부모의 역할을 구체적으로 다루고 있다는 공통점이 있다. 특히 학교운영위원회만 중심이 되지 않고, 일반 불특정 다수의 권리가 보장되어야 한다는 목소리는 기존과는 사뭇 다른 접근 방식이다.

교사회는 진보적인 교원 단체에서 많이 제안한 방식이다. 교장·교감보다 훨씬 많은 수인 교사의 역할이 미미하다는 데 발상의 시작이 있다. 법제화를 통해 제왕적인 학교장의 권한을 무력화 내지 축소한다는 것을 의미한다. 하지만 현실적인 문제에 봉착한다. 지금도 학교운영위원회에 교원 위원이 있지만 대부분 이 역할에 관심이 없을뿐더러 학교장과 다른 의견을 제시하기 어려워한다. 교사회가 만들어진다 해도 누가 학교장에게 쓴소리를 할 것이며, 반대의 목소리를 낼 것인지에 대한 명확한 논의가 없다면 문제가 해결될 수 없다. 그만큼 교원들의 학교 자치에 대한 인식도 중요하다. 승진 점수, 원하는 학년과 업무 배정 등 눈앞의 이익으로 인해 교장·교감에게 쓴소리를 하는 이들이 드물다. 자신이 손해를 보며 학교의 발전을 위해서 희생하는 일이 쉽지는 않을 것이다. 그러면서 교육청에 익명으로 관리자의 부정을 말하며 징계를 요구하기도 하다. 이중적인 잣대인데, 외부 기관에 의존하는 행태나 이익 앞에 자신의 역할을 외면하는 것 모두 자치와 맞지 않는다. 이러한 관행이 있는 것이 사실이지만 드러나는 것을 달가워하지 않는 것도 교원들의 부끄러운 모습이다. 이를 깨닫는 것이 자치의 첫 시작이다.

교육 3주체 법제화를 통해 법적으로 집중되어 있는 학교장의 권한을 학교의 권한으로 명시하고, 학교의 권한은 교육 3주체의 성격에 따라 그 권한과 역할을 정해야 한다. 현재 관료주의, 성과주의에 물들어 있는 학교문화에서 벗어나려면 학교 자치는 민주적 학교 운영을 위해 학교장의 권한 배분과 함께 이루어져야 효과성을 가질 수 있다. 이를 위해서는 앞에서 제시한 학교장을 승진 개념이 아니라, 업무 분장, 즉 순환 보직의 개념으로 변화하는 교장임용제도에 대한 인식 및 제도의 변화가 동반되어야 한다.

학부모도 권리를 제대로 보장받지 못하고 있다. 일부 시·도에서 학부모회 지원 조례를 통해 예산을 지원하고 있으나 잘 운영되지 않는다. 가장 큰 이유는 맞벌이 학부모의 증가와 자신들의 권리에 대한 인식 부재이다. 사회적인 제도 자체도 학교 참여를 긍정적으로 바라보게 만들지 않는다. 이러한 한계는 정보의 부재로 나타나고 각종 오해를 만들어, 결국 공교육 불신을 가져오는 연속 반응이 생긴다. 학부모회를 법제화한다고 했을 때 교사들의 반응은 대개 "지금도 대부분 참여하지 않고, 일부 학부모들이 정치적인 목적으로 참여하는 것이 대부분"이라고 말하며 반대했다. 즉, 교육받아야 하는 학부모들은 나타나지 않고, 교육이 필요 없는 이들만 이해관계 때문에 나타난다고 믿는 것이다.

초창기 학교운영위원회가 학교 자치에 일정 부분 기여한 것은 분명하나, 현재는 변질된 형태로 운영되고 있어 수정이 불가피하다. 특히 학교 자치가 제대로 이루어지려면 학교운영위원회 중심의 운영 방식을 학교 내 구성원이 선택할 수 있도록 바꾸는 것도 필요하다. 여러 문제와 오해를 뒤로한 법제화는 해결책이 될 수 없으며, 법제화하기까지 진통 또한 상당히 오래 지속될 것이다. 법제화를 위해서는 교원과 학부모 단체, 또는 학부모 단체의 일원화된 안을 만들어야 하는데 그 역시 쉽지 않다. 일부 교원 단체에서는 교사회만 주장하거나, 학부모회는 학교운영위원회로 대체하자는 의견도 있으나 학부모회와 학교운영위원회는 엄연히 다르다. 숙의 과정을 거치기도 전에 특정 힘을 가진 누군가가 재단해서 제시해 버릴 가능성이 있다. 이 과정에 관심을 가지고 지켜볼 필요가 있다. 여론은 정치권이나 중앙 정부를 움직일 수 있는 힘이 있다. 다만, 무지한 여론은 무지한 제도를 만들 우려가 있다. 여론을 만들기 전에 현상과 실태, 문제점과 대안에 대해 학습해야 하는 이유다.

학생회의 경우는 학생을 바라보는 관점이 바뀌어야 한다. 학생이 주체가 되지 않고 들러리로, 상징적으로 참여케 하려는 시각은 문제가 있다. 학생은 학교에서 가장 많은 비중을 차지하는 구성원이다. 교사와 학부모가 학생들을 가르쳐야 하는 대상으로만 보지 않고 운영의 주체로 인정할 필요가 있다. 현재 유명무실한 학생 자치회를 실질적인 주체가 될 수 있도록 권한을 주어야 한다. 이를 위해 학칙 제·개정, 교육과정 운영 및 편성, 수업 및 평가, 예·결산 참여, 교장과 교사 공모 등과 같은 전반적인 학교 운영에 학생들의 목소리를 담을 수 있는 법안을 만들어야 한다. 학생들이 주인의식과 책임의식을 바탕으로 참여한다면 구성원으로서의 역할을 충분히 할 수 있다. 앞으로 학생회가 교육 3주체 중에 가장 힘을 가져야 한다고 생각한다.

학교 자치를 성공으로 이끌 제도 4
교육과정 자율화 관련 법제도 개선

현재 교사는 교육과정 지침을 세세하게 따른 교과서대로 수업하는 수동적 존재이다. 뿌리 깊이 박혀 있는 입시 중심의 능력주의에 매몰된 메리토크라시 문화, 교육부로부터 내려오는 위계적 관료주의 문화에 교육과정을 집행하는 교사는 자유롭지 못하다. 학교 교육과정의 자율권은 교사들의 자발성 및 전문성 신장과 학생들에게 적합하고 다양한 교육 내용을 가르칠 수 있는 중요한 권한이다. 현재 교육부에 있는 교육과정 결정 권한을 단위 학교 및 교사에게 내려오게 하려면 법제화가 필요하다. 현행 초·중등교육법 제23조 제1항을 보면 교육과정 편성권은 교육부 장관 및 교육감에 있다. 현재 학교는 단지 정해진 교육과정을 운영하는 책임만 규정해 놓았다. 교육과정 편성은 교육부에 있고, 이를 집행하는 권한은 교사로 분리되어 있어 교육과정에 있어 교사에게 자율권이 없는 셈이다. 현행 법령상 교육부 장관 및 교육감이 보유하고 있는 교육과정에 대한 포괄적인 권한은 학교 자치의 측면에서 교육과정 자율화에 맞춰 개정되어야 한다. 또한 교육 자치와 학교 자치를 방해하는 각종 법안에 대한 대폭적인 개정이나 폐지가 동반되어야 한다.

현재 우리나라의 2015 개정 교육과정은 학교교육의 목표 및 인간상부터 각 교과 소단원의 교수-학습 및 평가 방법까지 깨알같이 제시되어 있다. 국가 교육과정이 대강화되고 있는 세계 교육의 추세와는 정반대의 모습이다. 국가 교육과정은 기초적·핵심적·공통적인 사항만 성취기준으로 대강화하여 제시해야 한다. 또한 선진국에서 일반화되어 있는 자유발행제 및 느슨한 검인정 교과서 체제를 정착시킴으로써 세세한 집필 기준으로 지배하고 있는 현행 우리나라 교과서 검인정 제도로부터 벗어나도록 해야 한다. 여유로운 교육과정 속에서 교사들은 국가 수준의 교육 내용을 교육하기 위해 학교나 지역의 특성에 맞게 다양한 교육과정 재구성 및 자율적인 부교재 선택, 협력적인 학습자료 개발로 교육과정 자치, 즉 학교 자치를 채워 갈 수 있도록 한다.

물론 교육과정 편성의 자율권은 학교나 교사에 따라 크게 차이가 날 수 있다. 그러나 학교가 아직 준비되지 않았다고, 교사의 역량이 미비하다는 이유로 교육과정 자율권에 대한 이양을 늦추는 것은 더 큰 문제일 수 있다. 학교 자치와 함께 교육과정에 대한 권한 이양 및 학습공동체를 통한 역량 신장은 제도적 변화와 함께 이뤄져야 한다.

학교 자치에 대해 함께 성찰하는 질문

◆ 학교 자치를 보는 교육청의 시선 중 가장 시급하게 변화되어야 할 것은 무엇인가요?

◆ 학교 자치를 성공적으로 이끌 또 다른 제도에는 어떤 것이 있을까요?

2. 교육 자치와 학교 자치의 관계

교육 자치와 학교 자치는 다른가요?

학교 자치란 교육을 행하는 당사자들이 교육의 목적을 달성하기 위하여 자율적으로 의사결정에 참여하는 과정을 의미한다(주삼환, 2006). 교육 자치가 시·도 교육청 등의 광역 단위 교육 자치 및 시·군·구 교육지원청 단위의 자치를 모두 포괄하는 것과 달리, 학교 자치는 단위 학교에 의한 자치를 의미한다는 점에서 차이가 있다.

문재인 대통령은 '유·초·중등교육 권한 이양과 단위 학교 자치 강화'를 정부의 100대 국정과제에 포함시켜 추진하고 있다.[8] 이에 더해 2018년 3월 대통령 직권으로 헌법 개정을 발의하면서 해당 전문에 '지방분권 국가를 지향한다'고 못 박고, '지방 정부의 예산권·행정권 등 권한 강화'라는 표현을 포함시키기도 하였다. 경쟁과 효율성에서 자발성과 협력을 중시하는 현 정부의 교육개혁 방향이 중앙집권적 관료주의 폐해를 극복하고자 지방분권인 교육 자치에 박차를 더하고 있다. 이러한 상황에서 시·도 교육청의 교육 자치 권한은 강화되고 있고, 2018년 교육감 선거 이후 교육 자치의 심화는 가속화될 것으로 전망된다.

교육 자치가 상징하듯이 시·도 교육청에서는 많은 권한을 가지고 유·초·중등을 발전시킬 수 있다. 그러나 아직까지 법제도가 안정적으로 정착되지 못한 상태이다. 우리나라에서 지방자치단체 선거를 주민 직선제로 하는 일반 자치가 20년의 역사를 가진 반면, 교육 자치의 역사는 10년이 되지 않았다. 「지방교육 자치에 관한 법률」 제43조에 '교육감은 주민의 보통·평등·비밀선거에 따라 선출한다.'고 명시하고 있다. 이것을 근거로 2009년부터 주민 직선으로 교육감을 선출하였다. 교육 자치는 '혁신학교' '혁신교육지구' '무상급식' '마을교육공동체'의 정책을 확산시켰고, 중앙 정부와는 다른 지방 교육의 특수성을 가진 교육정책을 꾸준히 펼치고 있으며, 유·초·중등 교육을 주도하고 있다.

2010년부터 교육 자치가 본격화되면서 교육부와 청와대로 상징되는 중앙 정부와 충돌하는 사안들이 있었다. 이명박 정권에서 교육부의 한 장

---

8 문재인 정부 국정과제(2017)

관이 오랜 기간 재직하면서 시·도 교육청과의 지루한 싸움이 이어졌다. 당시에는 교육부 장관과 교육감의 사무에 대한 권한 관계를 정리해야 한다는 인식이 없던 시기였으므로 많은 혼란이 있었다. 이 시기에 교육 자치에 맞는 법률 제정과 개정이 필요하다는 인식이 확산되었고, 전교조 교사의 시국 선언 징계 논란, 교원능력개발평가 시행계획 논란, 학생인권조례 학칙 개정, 교육공무원 특별채용 대상자 논란, 학교 폭력 학교생활부 기재 논란으로 교육부에 의한 교육감 직무이행명령과 고발이 이어졌다(김용일, 2017). 2010년 당시에는 이슈가 되긴 했어도 소위 진보 교육감 다섯의 힘으로 전국적인 논의로 의제를 이끌어 가기에는 동력이 부족하였다. 반면 2014년에는 진보 교육감 13명이 당선되어서 많은 변화가 있었다.[9] 이들이 주축이 되는 전국시도교육감협의회[10]는 박근혜 정부에서 가장 큰 이슈가 되었던 '국정교과서 폐기'와 '누리과정 정부 지원'을 이슈로 박근혜 정권 4년의 교육 이슈를 선점하였다.

교육 자치를 폐기하자는 주장도 일각에서 나오고 있다. 교육감 선거가 깜깜이 선거고, 선거 비용이 많이 든다는 비판의 목소리를 비롯하여 특히 진보·보수의 정치적인 논란에서 자유로울 수 없다는 문제 제기도 있다. 한국교원단체총연합회(교총)와 학부모 등 2,451명은 2014년 8월

---

9 진보 교육감에 대한 구분은 무상급식에 대한 찬성·반대를 기준으로 하고 있다.
10 2006년 「지방교육 자치에 관한 법률」을 근거로 2008년 1월 법정 기구로 출범했다.

교육감 직선제가 교육의 자주성·전문성·정치적 중립성 등에 위반된다며 헌법 소원을 냈는데, 헌법재판소 전원 일치 의견으로 원고 패소 판결을 내리기도 했다. 그러나 이 논란은 정치권으로 옮겨져 현재까지도 진행형이다.

아직까지 교육 자치는 방향성이 애매한 상황이다. 교육 자치를 받아들이는 주체나 단체, 또는 개인마다 그 의미와 방향성을 달리하고 있다. 교원 안에서도 교육 자치는 찬반이 갈리고, 교육 자치의 방향성마저 혼란스럽다. 최근 들어 많은 토론회에서 '학교 자치'가 화두이지만, 자치는 독립하여 공선(선출)된 사람이 국가로부터 위임받은 행정 업무를 수행하는 일을 말하고 있어, 학교 자치라는 용어를 쓰게 된다면 교장도 교육감처럼 선출해야 하는 전제가 있어야 가능하다. 이렇듯 교육 자치는 앞으로의 논의되어야 할 과제가 많다. 특히 교육공무원법, 교육공무원 임용령, 초·중등교육법과 관련된 시행령 등은 교육 자치의 상황에 맞게 개정되지 못하였다. 이는 교육 자치의 가장 큰 한계로 지목된다. 다행히 문재인 정부 들어 교육부 내에 교육 자치 강화팀이 개설되어 전국시도교육감협의회와 꾸준히 논의하고 있다.[11]

---

11 교육부 보도자료(2017)

해외 주요 국가의 교육 자치는 어떤가요?

전국시도교육감협의회에서는 교육 자치 시대의 교육감 선출과 권한에
관한 연구에서 주요 5개국의 교육 자치에 대해 분석하고 있다(2011). 다
음은 교육 자치 행정 체계와 일반행정과 교육행정과의 관계, 그리고 교
육감 선임 방식을 제시하고 있다.

◆ 주요 국가의 교육 자치 사례 ◆

국가	교육 자치 행정 체계	일반행정과 교육행정	교육감 선임 방식
미국	• 각 주마다 주 헌법이나 교육법에 따라 주교육위원회·교육감, 지역교육위원회·교육감 제도 운영.	주마다 다름.	• 주마다 다름(주교육위원회 임명, 주지사 임명 또는 선거).
영국	• 지방의회의 상임위원회로 교육위원회 운영. • 교육위원회 산하에 교육국을 두고 교육위원회가 교육감 임명.	통합	• 지방의회 임명.
독일	• 주의회가 교육 사무를 의결하고 주지사가 교육 업무를 담당한 장관을 임명. • 자치단체의 상·하급 교육청은 주 문화교육부장관 산하의 하급 행정기관임.	통합	• 주지사가 주 문화교육부장관 임명. • 교육장은 주 문화교육부장관이 임명.
프랑스	• 대통령이 대학 교수 중에서 교육감, 부교육감, 교육국장을 임명.	분리	• 대통령 임명.
일본	• 교육행정 체계는 중앙 정부의 문부성, 광역단위(도도현) 교육위원회, 기초단위(시정촌) 교육위원회의 3중 구조로 구성. • 일본은 지방 자치의 틀 속에서 지방의회의 상임위원회로서 교육위원회를 운영하고 있으며, 교육위원은 지방의회의 동의를 얻어 자치단체장이 임명.	통합	• 지방자치단체장이 임명한 교육위원회가 교육위원 중에서 임명함. • 최근 교육장 공모제를 실시한 사례도 있음.

※ 출처 : 지방교육 자치 시대의 교육감 선출과 권한에 관한 연구(전국시도교육감협의회, 2011)

정환규(2011)는 영국은 국가가 학교에 간섭하지 않는다는 원칙을 지켜 왔으며, 1870년 최초의 '교육법'이 제정되어 전국을 2,568개의 학교구로 나누고, 학교구별 자치위원회를 두고 자율적으로 학교를 운영하도록 했다고 밝히고 있다. 영국 교육 자치의 특징과 시사점에서 중앙의 행정부와 의회, 지방자치단체와 개별 학교가 교육정책 기획·자원 배분·평가의 기능과 권한을 나눔으로써 기관 간에 상호 견제와 협력을 하고, 개별 학교는 교육에만 전념하도록 하고 있다고 말하고 있다.

하봉운(2016)은 교육 분야 국가 및 자치 사무에 관한 연구에서 일본·미국·영국의 교육행정 체계와 시사점을 다루고 있다. 일본은 중앙 정부와 지방 정부 간 교육 권한이 명확하다고 말하고 있으며, 미국은 전통적 분리형에서 통합형으로 변화하고 있다고 제시하고 있다. 반면 영국은 일반행정과 교육행정의 통합 운영으로 단위 학교 및 학교운영위원회의 권한을 강화하고 있다고 말한다.

지방 자치-교육 자치 일원화 연구에서는(금창호, 2011) 교육 자치와 일반 자치가 통합되는 형태인 주요 국가의 사례를 분석하면서 교육 자치와 일반 자치가 통합될 필요성을 말하고 있다. 주요 국가는 영국·미국·일본·프랑스·독일을 들고 있다. Ⅰ유형은 미국에 해당하는데, 교육 수장과 학교 회계가 일반 자치로부터 독립성을 확보함으로써 교육의 전문성과 정치적 중립성을 담보하는 대신에 지방행정의 종합성을 상실하게 되는 단점이 있다고 말한다. Ⅱ유형은 독일과 프랑스인데, 교육 수장의 독립성을 확보하되 교육 회계의 독립성은 없는 것으로 교육의 전문성을 확보하는 장점이 있으나 재정지출에 대한 책임성이 미흡하고, 실제적으로는 교육행정과 학교행정의 분리에 따른 비효율성이 초래되고 있다고 말한다. Ⅲ유형은 미국과 영국인데, 교육 수장의 독립성은 확보하지 못하고 교육 회계의 독립성은 확보된 것으로 재정지출의 책임성과 지방행정의 종합성을 제고할 수 있으나, 교육의 전문성은 미흡하다고 말하고 있다. Ⅳ유형은 일본에 해당하는데, 교육 수장 및 교육 회계 공히 독립성이 확보되지 못한 것으로 지방행정의 종합성과 재정지출의 책임성을 제고할 수 있으나, 교육의 전문성이 미흡하다고 분석하였다. 사례 분석의 최종 시사점으로 아래와 같은 분석을 하였다.

◆ 주요 국가의 교육행정 체계와 시사점 ◆

구분	내용
일반 자치와 교육 자치 간 관계 구조	1. 통합형의 경향 • 기존 통합형 : 영국, 일본 • 최근 통합형 : 미국 대도시 • 일부 통합형 : 독일, 프랑스
의결 기간과 집행 기관 간 관계 구조	2. 일반 자치의 기관 구성 형태 준용 • 영국의 통합형, 일본의 분리형 등
일반 자치와 교육 자치 간 연계	3. 다양한 접근 방법 활용 • 구조적 접근 : 일반 자치와 교육 자치 간 통합 • 운영적 접근 : 사무의 공동 처리 • 인사적 접근 : 교육의원 및 교육감의 선임

각종 논문과 연구물에 제시된 주요 국가의 사례를 분석해 보면 나라

별로 역사적 맥락이나 지역 상황에 맞는 교육 자치를 수행하고 있다. 그 방식은 문헌에 나온 것으로 모든 것을 말할 수 없으나 장단점이 분명하고, 시기에 따라 조금씩 수정해 나간다는 흔적을 엿볼 수 있다. 그러나 연구물의 주체별로 약간씩 해석의 차이가 존재한다. 특히 해외 사례에서는 일반 자치와 교육 자치의 통합 사례가 있는데, 이에 대해 긍정적으로 평가하고 있는 보고서가 있는 반면, 그렇지 못하다는 연구 보고서나 연구자도 존재한다. 결론적으로 일반 자치 중심이냐 교육 자치 중심이냐의 모델의 명확한 장단점을 꼽을 수 없지만, 그 나라의 문화나 역사의 흐름을 반영하는 것만은 분명해 보인다.

우리나라의 교육 자치는 10년의 흐름을 가졌고, 중앙 정부의 획일적인 교육정책에 대응하는 혁신적인 교육정책이 시·도 교육청 차원에서 꾸준히 나오고 있다. 과거와는 다르게 혁신학교나 혁신교육지구, 마을 교육공동체 등 다양한 정책이 지역에서 꽃피우고 있다. 학부모와 지역사회의 요구가 반영되는 다양한 정책들이 나오고 있다. 앞으로도 더 많은 교육 자치의 확대를 기대해 본다.

교육 자치의 최종 목표는 학교 자치!

2006년 지방교육 자치에 관한 법률 개정을 거쳐서 주민 직선제를 통한 교육감 제도가 도입되었다. 교육감 직선제 도입 후 10년이 지난 지금 교육행정 지방 이양에 대한 논의가 여러 단위에서 이루어지고 있다. 특히 전국시도교육감협의회에서는 2010년 이후 지금까지 줄기차게 교육부에서 가지고 있는 유·초·중등 교육정책에 대한 권한을 위임해 달라 지속적으로 요구하고 있다(김용일, 2016). 그 결과 문재인 정부의 국정과제에 해당 문구가 삽입되고, 2017년 교육부 내에 교육자치강화지원팀이 만들어지게 되었다. 대통령 공약으로 제시된 주요 정책을 중점적으로 추진하기 위한 교육자치강화지원팀은 초·중등 교육은 시·도 교육청과 단위 학교로 권한을 이양한다는 대통령 공약에 따라 이양 대상 사무 발굴, 권한 이양을 위한 법령 정비, 시·도 교육청과 정책협의체 구성 및 운영 등 지방교육 자치 강화를 위한 정책을 기획·총괄할 계획이다. 특히 보여주기식 권한 이양에 그쳤던 기존 정책의 문제점을 면밀히 재검토하여, 개별 법령의 개정과 자치역량 강화를 수반한 근본적인 정책 방안을 준비한다고 밝히기도 하였다(교육부, 2017. 7).

교육부와 전국시도교육감협의회에서는 2017년 12월 교육 자치 정책 로드맵을 만들었다. 유·초·중등 교육의 지방 교육 분권을 강화하고 학교 민주주의를 달성하기 위해 규제 위주 교육정책의 관행과 문화를 혁신하며, 유연한 학교 운영과 자율적 교육활동을 통한 공교육 혁신 기반을 구축하고자 하는 목적이었다.

이제까지 교육 자치의 현실적인 부분을 살펴보면, 중앙과 지방의 권한이 중복되거나 학교의 자발적 교육활동을 제한하는 방식이 많이 존재함에 따라 권한 배분을 위한 법령상 권한 관계가 모호하고, 법이나 제도 혹은 계획이나 사업 그리고 성과 관리 등 과정을 교육부가 주도하여 시·도와 역할이나 기능이 중복되는 부분이 많았다. 따라서 학교의 자율적 운영과 교육과정 및 교육활동에 대한 권한의 제약으로 민주적인 학교문화 확산에 한계가 있었다. 이러한 문제를 극복하려는 교육 분권 시대를 맞이하여 교육 분야 혁신을 위해 교육부와 시·도 교육청이 역할을 재정립하고 공동으로 협업하여 학교 자치를 실현하는 것이 교육 자치의 출발점이라고 볼 수 있겠다.

문재인 정부에서 앞으로 교육부와 시·도 교육청의 명확한 관계를 설정할 것으로 기대해 본다. 그 사이에서 교원·학부모·학생의 교육 3주체가 모인 학교 중심의 여론이 많이 반영될 것으로 보인다. 그러나 교육 자치를 그것으로 완성이라 말할 수 없다. 학교의 입장에서 봤을 때 중앙 정부(교육부)나 시·도 교육청이나 별 다른 기관이라 생각하지 않는다. 즉 교육부를 비롯한 중앙 정부의 권한을 시·도 교육청으로 내려보내는 것이 끝이 아니라는 것이다. 결국 단위 학교에 권한을 내려보내는 학교 자치의 완성이 교육 자치의 최종 목표라 볼 수 있다.

교육 자치에 이어 학교 자치가 나오게 된 배경

학교 자치는 교육 운영에 관한 권한을 학교가 가지고, 교사·학부모·학생의 교육 3주체가 자발적 참여를 통해 학교 운영과 관련된 일을 민주적으로 결정하고 실행해 나가는 것이라고 할 수 있다(정재균, 2012). 정책 시행의 주체적 측면에서 볼 때 기존의 각종 자율화 정책이 중앙 주도로 이루어진 것과 달리 학교 단위로 진행되고, 학교 현장의 의견과 요구를 반영하려는 점이 차별적이다(김용, 2017). 또한 교육 분권적 측면으로는 학교로의 권한 이양을 통해 자율성을 신장시키고, 민주적 의사결정 과정을 통해 학교 내 자치를 강화하고자 한다.

종합하면 학교 자치란 교육의 자주성·전문성을 보장하는 자치 이념을 학교 차원에서 구현하고, 교육 주체의 적극적인 참여를 통한 민주적 의사결정을 실시하며, 권한 배분을 통해 학교 운영의 자율성을 신장하는 것을 의미한다(정재균, 2018).

박균열(2010)은 학교 자치를 분권화 측면에서 학교 운영 관련 권한이 중앙 집중된 형태에서 개별 학교로 분산될 때 학생 및 학부모가 바라는 현장의 요구를 더 효과적으로 수용할 수 있음을 이야기하였다. 수평적 관리 측면에서 학교의 의사결정 방식이 수직적에서 수평적으로 변화될 때 학교의 의사소통이 활발해지고 자율성이 증가할 수 있음을 언급하였다. 전문적 관료제 측면에서는 학교가 전문성과 위계성이 혼재된 관료적 특성과 유사한 속성을 지닌다고 보며, 위계적 관료제 성격보다는 전문성을 지닌 자율적인 측면이 더 강해져야 함을 부각시켰다. 마지막으로 학교 재구조화 측면에서 학교 자율성을 증진시키기 위해서는 기술적 개선이 아닌 보다 근본적인 학교 구조의 재편이 필요하다고 하였다.

이상의 배경 이론에서 몇 가지 공통점을 발견할 수 있다. 첫째, 학교 구성원들의 민주적인 의사결정과 행정 권한 분산을 통해 교육의 질을 도모한다. 둘째, 개별 학교의 문제는 그 학교의 구성원들이 가장 잘 해결할 수 있다는 믿음과 함께 학교 구성원들의 전문성을 존중한다. 셋째, 단위 학교의 전문성과 자율권을 허용하되, 그 결과에 대한 책임 또한 가져야 함을 강조하는 점에서 학교 자치의 책무성을 제고하려 한다. 종합하자면 학교 자치는 학교의 자율권을 인정하고, 구성원의 전문성을 존중하며, 사회적 책무성을 다해 민주적 학교 운영을 하는 것이라 요약할 수 있다.

◆ 학교 자치가 나오게 된 배경 이론 ◆

이론	학자	내용
분권화 이론	White (1989)	분권화는 의사결정권 및 그에 대한 책무성을 학생 및 일선 학급과 가까운 곳으로 이동시킬 때 학교교육이 향상될 것이라는 가정에 기반을 둠.
	Murphy (1991)	교육 이해 당사자들에 대한 권력 및 권한의 재분배를 통해 지역사회의 특정한 요구에 보다 잘 반응할 수 있으며, 학교 및 지역사회 구성원들의 지식, 창의력 및 노력을 보다 잘 이용함.
	Lawler (1986)	하부 조직에 4가지 요인(①권력 ②지식 ③정보 ④보상)이 분권화되었을 때 분권화된 경영 방법이 효과를 볼 수 있음.
관리 이론	Likert (1961, 1967)	4가지 범주의 관리 체제(①착취적 권위주의 ②온정적 권위주의 ③자문적 접근 ④수직 및 수평적인 의사소통, 상급자와 하급자 간의 친밀한 관계, 참여 및 신뢰 등을 통한 동기부여)는 학교 및 학교 체제에서도 적용이 가능하고, 이중에서 체제 ④는 가장 효과적인 학교라고 할 수 있음.
	Owens (1997)	참여적 의사결정은 보다 나은 의사결정에 도달할 수 있게 하며, 참여자들의 성장 및 발전을 이끌어 낼 수 있도록 함(예를 들어, 목표 공유, 동기 향상, 의사소통 개선 및 집단 활동 관련 기술 향상).
	Hanson (1996)	교육 분야에서의 TQM(Total Quality Management, 총체적 질 관리)은 교육의 질 개선을 위하여 전체적 · 지속적으로 고객 중심적인 활동을 구체화하며 조직의 구조, 과정 및 문화를 적극적으로 바꾸고자 하는 생각에 그 바탕을 둠.
민주화 이론	Snauwaert (1993)	민주적 환경은 유동적이고, 복잡하며 창의적인 활동으로서의 교수활동을 지원하는 매개체가 되며, 이러한 관점에서 참여적 학교 운영 체제는 창의적 교수활동 및 교수활동을 개선하기 위해 필요함.
	Bailey (1991)	민주사회에서 나타나는 바람직한 결과인 권한 부여와 학교 자율경영의 결합이 중요하고 예산, 교육과정, 인사 및 교과서 선택 등에 대한 책임을 학교구에서 단위 학교로 이양.

전문적 관료제 이론	Mintzberg (1979)	전문적 관료제는 매우 민주화된 구조로서 수평적 · 수직적으로 아주 분권화되어 있고, 행정 구조가 상대적으로 단순하며 상당한 권한이 운영 핵심인 전문가들에게 있음.
	Hoy & Miskel (1996)	전문적 관료제는 훈련을 통해 획득한 표준화된 기능에 의존함으로써 간접적으로 조정이 이루어짐. 따라서 조직 내의 관계가 훨씬 이완되어 있고, 전문가들에게 업무 및 활동에 대한 상당한 영향력을 행사할 수 있는 권한이 주어짐.
학교 재구조화 이론	Elmore (1991)	교사들의 권한과 전문성 신장, 분권화를 통한 학교 단위의 자율적인 경영 조장, 학부모 참여 강화가 주요 내용.
	신상명 외 (2009)	변화의 당위성에 합의하고 이에 필요한 여건을 조성, 단위 학교의 목표 설정, 실행 계획 수립, 학교 교육활동 체계화 등의 과정을 합리적으로 실천.

※ 출처 : 박균열(2010)의 내용 일부를 수정하여 제시.

학교 자치에 대한 연구 및 논의

학교 자치는 현재 다차원적으로 논의되고 있고, 그중 일부는 학교 자치 및 자율화 정책에 채택되기도 하였다. 본 절에서는 학교 자치에 대한 다양한 이론 중 학교 단위 책임경영제(School Based Management), 거버넌스(Governance), 총체적 질 관리(Total Quality Management), 학교공동체(Community in schools) 등을 중심으로 간략하게 살펴보고자 한다.

첫째, 학교 단위 책임경영제는 단위 학교가 인사 · 재정 · 교육과정 등의 자율권을 가지고 책임지며 운영하는 방식이다. 학교 단위 책임경영제는 학생과 가장 가까운 사람들이 가장 적절한 의사결정을 할 수 있으며, 외부가 아닌 내부 구성원들이 자발적으로 의사결정을 할 때 학교 변화를 가장 효율적으로 이끌어 낼 수 있다고 본다. 학교 단위 책임경영제는 현재 미국 등에서 일부 학교를 중심으로 성공적으로 실시되고 있으며, 이러한 학교의 특징은 다음과 같다(박세훈, 2000).

단위 학교는 학교 중심 교육과정 개발 및 교과서, 교수 요강, 교수 방법, 자료 선택 등을 할 자율권을 가지고 있다. 또한 학교는 학교 상황과 문화에 적합한 교장·교사·교직원을 채용할 수 있는 인사 관련 권한을 행사하고 있다. 마지막으로 학교 중심 예산 편성을 실시하고 있다. 이곳에서는 학교장이 아닌 교사들도 학교의 예산 편성 및 집행에 적극적으로 참여하여 영향력을 행사하고, 교육 프로그램의 개선을 위하여 교수-학습 활동에 적절한 예산을 배정한다. 학교 단위 책임경영제는 의사결정 분권화와 공유를 통하여 구성원들의 학교 운영에 대한 권한과 참여도, 만족도를 제고하여 학교교육의 질을 높인다.

Odden과 Wohlstetter(1995) 역시 학교 단위 책임경영에 가장 중요한 요인으로 권한 분산을 언급하였다. 이들은 학교 자치에 성공한 학교들을 분석한 결과 대체로 교사 중심의 각종 위원회가 잘 조직되어 있고, 교육과정, 교육평가, 교직원 전문성 개발 등 다양한 주제에 대하여 활발한 협의를 통해 의사결정이 이루어진다고 보고하였다.

둘째, 거버넌스는 학교 자치를 중앙 정부의 공권력이나 통제가 아닌 교육 주체들 간의 수평적이고 자율적인 네트워크 조직을 형성하여 교육 목적을 공동으로 해결하려는 접근 방식이다(정영수 외, 2011). 거버넌스 이론에서 학교는 문제 발생 시 해결 방향을 함께 고민하고(co-steering), 해결 내용과 과정을 함께 규정하며(co-regulation), 함께 안내하는(co-guidance) 방식으로 학교 자치를 실시한다. 즉 거버넌스는 학교 자치를 학교 구성원들 간의 협치(協治)로 보고 있으며, 교육청의 영향력이 컸던 기존과는 달리 교장·교사·교직원·학부모·학생·지역사회 등 학교 구성원 중심으로 운영되어야 한다고 본다(이종재 외, 2012).

셋째, 총체적 질 관리는 기업 경영에서 품질 관리를 하던 방식과 유사하게 교육 수요자의 요구를 충족시키기 위하여 학교장의 강력한 리더십하에 교직원이 학교교육의 질을 향상시키려고 노력하는 일종의 학교 경영 기법이다. 총체적 질 관리는 학교 자치를 위해 다음과 같은 점을 강조한다.

먼저 학교에서 교육 수요자라 할 수 있는 학생들의 학문적·정서적 욕구를 충족시켜야 함을 강조한다. 이를 위해 교직원들은 수업 및 행정 등 지속적인 질 개선을 위하여 노력해야 한다. 또한 학교에서 어떤 사항을 결정해야 할 경우 관리자·교사·교직원 그리고 학생까지 포함하여 구성원의 적극적인 의사소통 과정을 거쳐야 하는 팀워크를 강조한다.

마지막으로 학교공동체 이론에서는 학교가 추구해야 하는 가치를 다음과 같이 제시하였다(Sergiovanni, 1994).

첫째, 모든 구성원은 평등하게 대우받아야 하며 참여 기회 또한 동등해야 한다. 학교에서 교장·교사·학생·학부모는 학교의 비전을 달성하기 위한 동등한 관계 속에서 자신들의 일에 직접 참여할 기회를 가져야 한다.

둘째, 학교는 전문성을 가진 구성원들로 운영되기 때문에 위계적·관료적 통제가 아닌 자율성에 근거하여 운영되어야 한다. 따라서 학교는 스스로 규범과 규칙을 제정하여 운영할 수 있으나, 자율성에 대한 책임을 가져야 한다. 이때 책임이란 학생들의 교육적 성장을 의미한다. 이를 위해 학교장은 적절한 제반 여건을 조성해야 하고, 교사는 지속적으로 전문성을 개발해야 하며, 학부모는 자녀의 성장에 도움이 되도록 학교 운영 과정에 참여해야 한다. 또한 학생들 스스로도 민주시민으로 성장할 수 있도록 노력해야 한다.

셋째, 학교공동체를 위해 구성원들은 서로 헌신하고 신뢰해야 한다. 학교장과 교사는 직무 수행을 위한 전문성을 개발하고 학생 지도에 헌신함으로써 학부모·학생·지역사회로부터 신뢰를 얻어야 하고, 학부모·학생·지역사회 또한 교사가 학생의 교육적 성장을 위해 노력하고 헌신한다는 점을 믿어야 한다.

넷째, 학교공동체 구성원들은 서로를 존중하고 이해해야 한다. 학생의 성장이라는 구성원들의 공동 목표를 실현하기 위해서는 서로 간의 상호 이해 및 존중이 밑바탕이 되어야 한다.

이상의 내용을 종합하면, 학교 자치는 중앙 교육행정 조직과 지방 교육행정 조직에 의한 각종 규제를 줄이고, 단위 학교에서 스스로 문제를 해결할 수 있도록 자율성을 부여하는 것으로 요약할 수 있다. 또한 학교에 자율성을 부여하는 대신 그에 알맞은 책임이 강조되며, 특정 집단이 아닌 학교를 구성하는 모든 구성원들의 민주적 참여에 의해 학교 자치가 실시되어야 한다.

학교 자치에 대해 함께 성찰하는 질문

◆ 교육 자치와 학교 자치의 바람직한 관계는 어떤 모습일까요?
◆ 교육 자치가 완성되기 위해서 가장 시급하게 필요한 것은 무엇일까요?

3. 학교 자치의 핵심은 교육과정 자율

교육부와 시·도 교육청은 학교 민주주의 실현을 위한 교육 자치 로드맵을 구상하고 이를 추진하고 있다(2017, 전국시도교육감협의회). 교육부와 전국시도교육감협의회는 교육 자치의 목표를 '교육부 → 교육청 → 학교'로 이어지는 단계적 권한 및 사무의 배분을 통한 학교 자치와 학교 민주주의의 달성으로 설정하였다. 규제 위주 교육정책의 관행과 문화를 혁신하여 유연한 학교 운영과 자율적 교육활동을 통한 공교육 혁신의 기반을 구축하려는 방향을 견지하면서 정책을 추진하고 있다.

학교는 학교 자치의 관점에서 학교의 본질인 교육활동과 생활지도에 집중할 수 있는 환경과 학교문화 개선의 필요성을 제기하고 있다. 또한 학교 운영과 관련하여 구성원 간 민주적 의사결정과 재정 및 운영의 자율성 확대를 원하고 있으며, 교육활동에서 학교 및 교사의 교육과정 권한 강화, 이를 지원하기 위한 업무 부담 경감 등을 요구하고 있다.

이를 위해 교육부 관련 공약으로 총 8건의 입법을 준비하면서 교육 자치에 대비한 다양한 입법 활동과 연구들이 이루어지고 있는 상황이다 (2016, 경기도교육청; 2017, 민주연구원).[12] 이 가운데 교육과정의 분량과 난이도 완화와 관련하여 학교가 교육과정을 편성·운영하고, 시·도 교육청은 이를 지원하기 위한 교육과정을 편성·운영하며, 국가는 교육과정의 편성·운영에 관한 기본적인 사항을 정하는 방안들이 검토되고 있다. 학교 자치 실현에서 학교의 민주적 운영과 교육과정 권한 강화가 2개의 큰 중심축이라고 한다면, 교육과정에 대한 논의는 그만큼 중요한 문제라고 볼 수 있으며, 국가 교육과정과 학교 교육과정을 매개해야 하는 지역 단위 교육과정의 구체적 안이 마련되어야 하는 것이다.

교육의 자율과 책무, 교육과정으로 구현

교육 자치 슬로건이 학교 현장으로 안착되기 위한 중요한 화두로 학교 자치가 등장하고 있지만, 여전히 중앙집권적 방식이 익숙한 상황에

---

12 8건의 교육부 공약은 교육 거버넌스 개편, 온종일마을학교 신설, 고교 체제 개편, 교육의 민주주의 강화, 영유아 교육의 국가 책임 강화, 역사 교과서 국정화 금지 및 교과서 자유발행제 추진, 교육과정 분량과 난이도 완화, 교장공모제 확대의 안건으로 문재인 정부 교육부 공약 실천을 위하여 입법 관련 노력들이 진행 중에 있다.

서 학교의 개방과 다양한 교육 주체의 참여에 대한 우려가 존재한다. 학교 자치는 학교 안팎에 가로놓였던 벽을 허문다. 학교 안에서도 관리자와 교사 혹은 각 부서 사이를 가로막고 있던 여러 장벽을 허물어 서로를 확인할 수 있고, 상호 간에 장애 없는 교류가 가능해진다. 더불어 학교 운영에 대한 교육 주체들의 참여 요구가 활발해진다. 학교 운영에 다양한 층위의 의견들이 반영될 수 있게 되는 것이다.

그런데 학교 자치의 이러한 개방과 참여는 개인 간, 집단 간의 갈등을 초래한다. 개방과 참여가 보장되는 사회에서 갈등은 긍정적 요소이며, 변화를 위한 시도와 출발이다. 이 갈등을 해결해 가면서 학교 구성원은 자치에 대해 익숙해지고, 구성원들의 민주주의 경험은 농익게 된다. 그렇지만 갈등 상황은 누구에게나 힘든 경험일 수 있으며, 이성적으로든 감정적으로든 상처를 입을 수도 있다. 이것을 현명하게 극복하는 것이 학교 자치의 쟁점일 수 있다.

지금까지 학교는 학교 밖 교육 주체에게는 폐쇄적인 공간이었다. 성역처럼 학부모, 지역사회와 거리를 두어 왔다. 학교 내 학교장의 권한 역시 교육 주체라고 할 수 있는 구성원에게는 개입할 수 없는 영역이었다. 교사 역시 수업에 관한 한 외부와의 교류를 피하고 있었다. 이러한 상황에서 혁신학교의 수업 개방, 교육과정 재구성을 위한 교사 학습공동체 활동은 학교 자치의 물꼬를 트는 활동이라고 볼 수 있다. 더구나 학교 본연의 기능과 그것을 수행하기 위한 교원의 책무와 전문성을 회복하는 방향에서 이루어졌다는 점에서 의의가 있다.

혁신교육의 활동과 학교 자치 요구가 정당성을 얻기 위해서는 학교의 책무성 확보가 중요하다. 학부모는 학교교육에 기대를 갖고 자녀를 학교에 보내지만 그 안에서 학생들이 어떻게 교육받는지는 확인하지 못했으며, 교육의 성과는 단기간에 확인할 수 없다는 논리로 학교와 교사에 대한 책임을 묻지 않았다. 혹 책임을 묻는다고 해도 피상적이고 단순한 수준에 머물렀다. 학교가 자율적으로 책무성을 확보하는 것이 전문성을 인정받는 하나의 방식이 될 이유가 여기에 있다. 학교 자치는 학교 운영상의 자율권과 함께 그 결과에 대한 책무를 중시하여야 한다. 학교의 책무성은 학교에 기대되는 역할을 다하여야 한다는 요구이자 이에 응하는 의무이다. 하지만 지금까지 책무를 확인하는 과정은 객관적 결과에 치중되어 있었다. 학생의 학습이 갖는 의미와 학생의 사고가 얼마나 성숙했는지보다는 기계적 접근에 의한 단편적 지식의 일방적 전달과 수용, 표출되는 입시 결과 등으로 판단하였다. 이 과정에서 책무를 다하기 위한 자율적 존재로서의 교사의 모습은 그려질 수 없었다.

외부의 잣대와 기준에 따라 학교와 교사의 책무가 왜곡될 경우, 학교 자치 실현은 요원해질 수 있다. 여기에 교원의 성과 평가 등 경쟁 체제가 수반된다면 학교 자치가 필연적으로 수반하게 되는 책무성, 그와 동시에 필수 불가결한 자율성은 무늬로만 존재하게 되는 것이다. 또한 책무성 중시와 학교 평가 및 경쟁 체제의 도입은 교육 행위의 주체, 특히 교사들을 몰아세우고 추궁하고 압박하는 방식으로 이루어질 가능성이 높다. 오히려 자율을 심각하게 훼손하는 것이다. 학교와 교사의 책무에 심각한 역기능을 행사할 수 있고 학교 자치를 변질시킬 수 있다. 책무성이란 기본적으로 조직의 목표 달성에 구성원들이 어떤 정체성을 가지고, 어떻게 기능하고 있는지와 관련된 개념이다. 조직이 지향하는 목표를 성취하기 위해 구성원이 활동하는 것으로, 기대되는 역할의 충족을 나타내는 개념이며, 따라서 의무감을 내포하기도 한다. 그런 점에서 그 구성원의 자율적 작동이 학교 본연의 목적에 부합하며, 자율이 작동하는 학교 체제의 자치 시스템은 그 의무에 충실할 것이다. 이때 학교 구성원이 교육과정의 실행에서 자율과 책무, 배움에 있어서의 주체성과 책무를 다하는 것이 학교교육의 본질이고 핵심이다. 교사는 교육활동에 전념하게 하여 배움이 제대로 생성될 수 있도록 학습자를 돕는 것이며, 그것이 교육과정의 중핵적인 책무인 것이다.

학교 자치! 교사의 교육과정 자율권

학교 자치의 의미는 여러 차원에서 찾아볼 수 있지만, 학교의 인적 구성원이 실질적으로 느끼는 것은 제도나 규정보다는 각 교육 주체들의 자율권이라고 정리할 수 있다. 학교에서 교육활동에 직접 참여하는 사람은 교사와 학생, 그 학생의 학부모가 있고, 학교가 속한 마을공동체의 구성원인 지역 주민도 포함된다. 학부모는 자신의 자녀가 적절한 교육을 받기를 바라고, 그에 따라 학생은 학교 안의 수업 활동에 직접 참여

한다. 또한 교사는 교육과정 전문성에 기반을 둔 역량을 통해 수업을 구현하며, 학교라는 공간에서 교육적 혹은 사회적 성취감과 만족을 추구한다. 지역사회 주민에게 있어서도 학교는 그들의 생활 공동체를 발전시키고 미래 세대에게 삶의 기반을 마련해 줄 수 있는 뜻있는 기관이다. 이러한 관계 속에서 교사·학생·학부모·지역사회는 학교교육 주체로서의 위상을 갖는다.

학교 자치는 이러한 학교교육의 참여자들을 실질적으로 주체화하는 문제이다. 주체화의 핵심은 자기 결정력이다. 민주성이 결여된 교육 운영 체제에서는 학교에서 전개될 교육의 방향과 내용, 방법 등 주요 부분들이 학교 밖의 상급 기관이나 상부 조직에서 결정되고 지시된다. 그동안은 학교교육의 주체들이 소외되어 왔다고 해도 과언이 아니다. 이러한 소외를 해소하기 위해서는 자율성을 보장해야 하는데, 교사에게 있어서 자율성은 교육과정 자율성과 일맥상통한다. 학생과 학부모의 교육적 요구는 학습자 중심의 시각에서 파악해야 하고, 이 교육적 요구를 효과적으로 충족시킬 수 있는 교육활동이 조직되고 운영되기 위해서는 교사의 교육과정 전문성을 인정해야 한다. 즉 교육과정 주체로서의 교사 전문성은 교육과정의 구성권과 운영권을 지니게 하는 자율적 결정력을 인정해 줄 때 비로소 학교 자치를 이야기할 수 있는 것이다.

학습자가 직접 경험하는 교육의 과정과 그 결과가 교사의 교육과정 전문성에 매우 크게 의존하는 것은 분명하다. 그런데 교사들이 행하는 일, 다시 말해 학교 조직이라는 틀 속에서 행하는 가르치는 일의 내용과 그 수행 방식에는 대체로 교사들의 일반적 의식, 가치관, 행동방식을 대변하는 교사 문화의 타율성이 드러나고 있었다. 혁신학교 이후 교사의 교육과정 전문성이 인정받기 시작한 것은 학교 자치의 좋은 출발이었다.

혁신학교 운동 이후 교사는 교육과정 재구성과 수업 혁신을 통해 교육과정 전문가로서 존재감을 드러내고 그것을 확인했다. 교육과정 전문가는 자율적 구성과 운영권을 가져야 한다. 이제까지는 규정으로서 교육과정 분권과 자치를 제공하였지만, 학교 단위 교육의 주체에 의해 실천적으로 그것을 체감한 것은 혁신학교의 경험이라고 할 수 있다. 혁신학교는 교육과정이 학교 교육활동에서 중시되도록 하고, 교사가 책임 있는 교육자로서의 자기정체감을 가지도록 했다. 또한 교사가 내발적 동기로써 교육활동에 매진할 수 있는 동력을 제공하였다. 학교 자치가 단위 학교별 주체들이 교사의 교육과정 자율권을 토대로 학생들의 보다 나은 학습을 위해 교사가 스스로 교육과정을 구상하고 실천하며, 그 결과에 책임을 지는 것을 지향한다고 할 때, 또 학교 자치가 단위 학교 주체들의 개방적 참여를 보장하면서 그들을 주체화한다고 할 때, 교육 자치의 최종 실현이 실체감을 가진다고 할 수 있을 것이다.

교육과정 자율권과 국가 교육과정의 엇박자

지역 교육과정의 설정으로 학교와 교사의 교육과정 자율권을 확보할 수 있다. 지역 교육과정은 국가 교육과정에 기반을 두고 각 지역의 특색이나 여건을 고려하여 만들어진 문서로서, 넓게는 이와 관련된 정책적 노력까지 포함한다고 볼 수 있다. 현재까지 운영되어 왔던 국가 교육과정은 교육의 평등성의 가치에 중점을 두고 운영해 왔으며, 지역 교육과정이라는 말은 국가 수준에서 밝히고 있는 사항을 제외한 대부분이 이 범주에 속하는 것으로 이해되어 왔다. 따라서 지역 교육과정은 중앙 정부와 지역, 국가 수준과 학교 수준, 정책 부서와 교실 등 문서로서의 교육과정과 학생의 학습 경험으로서의 교육과정 간의 격차를 줄이고, 궁극적으로 학생의 배움과 성장을 최우선하기 위한 정책적 노력 속에서 제기되고 있는 문제라고 볼 수 있다.

교사의 교육과정 실천 상황과 이를 지원하기 위해 시도된 지역 교육과정 성격의 경기도 교육과정의 생성을 고려해 볼 때, 실질적으로 국가 교육과정의 역할은 한계가 있다. 1980년대 후반 이후 세계 교육의 추세를 보면 각국 정부의 중앙집권화와 교육목표 표준화로 뒤덮이는 흐름을 보였다. 교육의 상호 연계성·일관성 부족, 불균질 등으로 인해 커져 가는 사회적 공포감, 한정된 공공 지출, 전 영역의 재정 긴축을 요하는 경제 상황, 정치계와 학부모들이 권위적 전통과 확실성에 대해 지닌 향수 등이 세계 각국을 시장주의와 표준화의 길로 이끌었다. 표준화 교육에는 현실적으로 교육을 정치적으로 통제하려는 논리가 담겨 있다. 현재 대부분의 국가들은 중앙 정부가 공교육에 대한 고삐를 단단하게 쥔 채 강력한 지배력을 행사하고 있다. 강력한 국가 교육과정을 만들거나 교육 혁신 정책 또는 지침을 제시하고, 의회가 나서서 법령을 제정하기도 한다. 우리나라의 경우 1차 교육과정 시기부터 국가 교육과정 결정 체제를 유지하면서 교육과정 결정권의 중앙 정부 집중 현상을 낳았다. 교육과정 결정권이 중앙 정부의 고위 관료, 소수의 학자나 연구자에 집중됨으로써, 문서로서 존재하는 교육과정이나 지침이 학교나 교실 수업에 강력한 영향을 미쳐 왔다.

국가 교육과정의 가장 큰 장점은 교육의 질 관리와 정책의 일관적 확산이다. 하지만 교육의 획일화를 동반한다. 교육개혁 추진이나 정책의 일관성 확보를 위해 국가가 적극적인 정책을 추진할 것인가, 아니면 국가의 최소 개입으로 지역이나 학교의 다양성과 자율성을 보장할 것인가의 문제가 상충될 수 있다. 결과적으로 현재 우리나라에서 국가 교육과정을 통한 교육 통제는 교육 격차, 과도한 입시 경쟁을 낳았다. 경쟁적 환경은 학생은 물론 교사와 학교에도 동일한 영향을 미친다. 표준화와 경쟁을 통한 교육은 산업사회 시대에는 자연스러웠고 효율적인 접근 방식이었지만, 4차 산업혁명 시대의 중심에 있는 현재는 탈출구를 모색하지 않으면 안 될 상황이다. 기존의 접근 방식으로는 현재는 물론 미래 사회에 적합한 개인을 길러 내기가 어렵다는 인식이 널리 퍼져 있다. 국가의 경쟁력 확보 차원에서나 개인의 삶을 영위하는 측면에서나 전반적인 한계점이 드러나고 있기 때문이다.

지금까지 국가 교육과정을 수차례 개정하는 동안 교육과정 결정의 분권화를 위한 노력이 교육 행정 분야에서 진행되어 오면서 지방 교육 자치 활성화 문제가 거론되어 왔다. 1991년 지방 교육 자치제의 실시와 더불어 학교 단위 책임 경영의 확대로 교육 분권화를 강조해 왔으며, 이후 2008년 정부의 학교 자율화 추진 정책에서 "국가 교육과정의 기본 틀 수립을 제외한 초·중등 교육 업무 제반을 지방자치단체에 이양한다"며, 2013년 5월 '학교 자율화 추진 방안'에서는 교원 인사 등 학교 운영 관련 핵심 권한을 학교장에게 부여하는 방안과 함께 학교 교육과정 편성 및 운영의 자율화를 보다 구체적으로 제시한 바 있다(교육과학기술부, 2008). 이러한 노력에도 불구하고 국가 교육과정이 지역 수준 및 학교 수준 교육과정에 미치는 구속성과 영향력은 여전히 높다. 지방 교육 자치가 본격적으로 출발한 2009년 이래 정부의 교육정책은 중앙 정부의 일방적인 통제로 흐르기보다는 시·도 교육청의 중간 매개 정책 연결 고리가 생성되고 강화되어 가는 분위기가 형성되었으며, 교육과정 결정의 분권화를 통한 교육 자치 및 자율권 확보를 지원하기 위한 노력이 실질적으로 실행되어야 하는 상황이 되었다.

교육과정 분권화는 6차 교육과정 이후부터 교육부가 공식적으로 논의하였으며, 이에 따라 그 체계가 '국가 교육과정 – 시·도 교육과정 – 학교 교육과정'의 흐름으로 용어를 사용하기 시작하였다. 국가 교육과정 – 시·도 교육과정 – 학교 교육과정이라는 체제는 교육과정 해설서에 들어 있는 내용이었지만, 그럼에도 불구하고 공식적인 교육과정 문서에는 이러한 연속성과 매개 역할을 담당하는 지역 교육과정을 가질 수 있는 내용을 담지 못하고 있었다. 시·도에서는 교육과정 편성 및 운영 지침을 만들어 내는 방식이 대체로 진행되었던 것이다. 국가 교육과정이 총론과 각론으로 이분되어 두 영역이 어떠한 연계성을 갖지 못하는 한계도 존재했다. 학교에서 실행되는 교과목으로 실질적인 수업의 중심이 되는 내용으로 구현되는 각론은 교과 교육학에 기반을 두고 설정되었으나 총론 개발과 연계되지 못하고 있는 점이 국가 교육과정의 한계였다. 이러한 국가 교육과정을 바탕으로 학교 교육과정을 잘 만들 수 있는 매개 단위로서 시·도 교육과정을 만들 필요성이 제기되었던 것이기도 하다. 이 지점에서도 교육과정의 실질적인 실행을 목적으로 국가와 시·도 간의 적절한 역할 배분이 있어야 함을 알 수 있다.

학교 현장에서 이루어지는 교사의 교육과정 실행은 교과목의 교육 내용에 그 관심이 치중되어 있다. 교과 교육의 내용에 편중된 관심으로 인해 학생의 배움을 가능하게 하는 방법에 대한 논의와 관심은 부족한 것이 현실이었다. 교수 내용 지식(PCK, Pedagogical Content Knowledge)을 다루면서 수업 방법론에 대해 논의한 활동들도 수업을 구체적으로 어떻게 진행할 것인지에 대해서 활발하게 논의하는 것으로는 나아가지 못하였다는 평가를 하고 있다. 이러한 한계는 학문 중심의 교육과정을 넘어서려는 노력이 교육과정 측면에서 이루어져야 함을 의미하며, 그 대안으로 역량 중심 교육과정을 고민하였던 것이 경기도 교육과정의 시도였다. 경기도 교육과정의 교과 교육과정은 역량 기반이라는 논의로 시작된 각론에 대한 고민에서 시작하였다. 기존 국가 교육과정의 내용 체계가 촘촘하게 짜여 있는 한계 속에서 어떻게 하면 수업 속 교육목표를 산출하고, 실질적으로 수업 상황 속에서 구현할 것인지를 고민하면서 생성된 것이다. 국가 교육과정의 각론 부분을 재구성이라는 용어로 허용해 주고, 수업 내용을 학생 배움으로 연결 짓기 위한 교육 방법론을 본격적으로 다루게 된 시도였다고 볼 수 있다.

지역 교육과정의 출발

2008년 교육부가 발표한 '학교 자율화 추진 계획' 그리고 '학교 교육과정 자율화 방안'은 우리나라 교육과정 정책에 새로운 전환점을 안겨 주는 계기가 되었다. 이를 한마디로 요약하자면 교육부가 가지고 있는 권한의 일부를 시·도 교육청의 교육감과 단위 학교 학교장에게 위임하는 것이다. 권한의 이양이 아닌 위임의 성격이 강했던 부분을 제하면, 이전의 교육정책에 비해 긍정적인 측면이 많았다. '학교 자율화 추진 계획' 발표 이후 교육과정 지역화 및 분권화가 활발하게 논의되었다. 물론 6차 교육과정 시기에 교육과정 지역화와 분권화 개념이 국가 교육과정 총론에 등장하기는 하였으나, 사회과 지역화 교과서 개발 등 매우 제한적이고 소극적인 수준이었다. 주목해야 할 점은 국가 수준과 학교 수준의 이원화된 의사결정 체제가 국가 수준, 시·도 교육청 수준 및 학교 수준이라는 3단계 의사결정 체제로 전환하는 모습도 보였다는 점이다. 다시 말해 민선 교육감 체제가 등장한 이후 시·도 교육청의 교육과정 권한과 역할이 강화되는 계기로 작용하였다.

그동안 시·도 교육청이 중심이 된 교육과정의 지역화와 결정 권한 확보는 지방 교육 자치제의 법적 근거를 통해 제도적으로 가능하게 되었다. 그러나 시·도 교육청이 교육과정에 대한 자율권을 확보할 수 있게 되었음에도 불구하고 여전히 그 권한을 효율적으로 행사하지 못하고 있다는 비판 또한 많았다. 시·도 교육청이 국가 교육과정에 근거하여 각 지역의 교육과정 지침을 만들어 왔다는 반성적 성찰을 통해 이 교육과정 지침의 성격을 적극적으로 해석하여 지역 특색이나 여건을 고려한 지역 수준의 교육과정 개발이 가능하도록 해야 한다.

한 걸음 더 나아가 학교와 교사의 교육과정 자율권이 제한적으로 작동될 수밖에 없도록 하는 현재의 법령을 넘어서는 방안을 고민해야 한다. 시·도 수준의 교육과정 자율성 확보는 학교와 교사 그리고 학생에게 이전보다 폭넓은 교육과정 의사결정권을 보장하는 것을 지향한다. 즉 정책 차원에서 교사들의 교육과정 자율권의 '규정적 울타리'를 제공하고자 하는 것이다.

지역 교육과정의 개념과 역할 재정립은 학교 교육과정의 자율성, 즉 교육과정 의사결정 권한의 크기와도 관련성이 깊다. 학교 교육과정의 자율성이 높아진다는 것은 교육부보다는 시·도 교육청, 시·도 교육청

보다는 학교와 교사 그리고 학교와 교사보다는 학생이 교육과정에 관한 의사결정 권한을 크게 갖는다는 의미가 강하며, 아래로부터의 요구를 수용하고 지원하기 위한 매개 역할로서의 구체적인 지역 교육과정을 구상하고 시도하는 것을 의미한다.

경기도 교육과정도 지역의 특색 있는 교육과정이 존재해야 하고, 학생들이 직접적으로 자신의 옆에 있는 소재들로 교육을 받는 것이 가장 효과적이라는 의견을 내어 구상되어 왔다. 하지만 소재와 대상을 무엇으로 할 것인가를 구체적으로 명시하는 것에 그치며, 국가 교육과정을 잘 운영할 수 있도록 지원하는 지침 수준을 넘어서지 못하는 한계가 존재했었다. 국가 교육과정과의 관계 속에서 교육 권한을 배분하는 수준으로 논의하고 진행되어 생성되었으며, 교육 자치와 학교 자치의 관점에서 바라보는 요소들은 극히 소략했기 때문으로 보인다.

2008년 민선 교육감 체제가 도입되기 이전까지 시·도 교육청은 전통적인 의미에서 규제자이면서 중앙 정부의 정책 전달자로서의 역할에 충실하였다. 시·도별로 특성화된 교육 자치를 실현해야 함에도 불구하고 17개 시·도 교육청의 교육과정 정책은 큰 틀에서 지역적 특성이나 차별성이 거의 드러나지 않았던 것이 사실이다. 혁신학교 교사들의 교육과정 재구성과 수업 혁신은 실천적 차원에서의 교육 자율권을 요구하였으며, 이에 따라 교육의 분권이 필수 불가결한 요소가 됨에 따라 학교 자치, 교육 자치 논의가 더욱 활성화되었다. 시·도 교육청이 규제자로서의 소극적인 기능만을 해서는 더 이상 그 역할과 책무를 다하는 것으로 볼 수 없게 되었다.

　이러한 맥락에서 지역 교육과정은 학교 자치의 문제로 귀결될 수 있다. 시·도 교육청은 지역 교육과정을 생성하여 이 부분을 지원하고 지지하는 데 일정 역할을 담당해야 한다. 교육활동의 중핵인 교육과정과 관련하여 학교와 교사가 교육 자율권을 적극적으로 구현할 수 있도록 지역 교육과정 개발의 역량을 보여줄 필요가 있다. 교육 자치, 교육 분권 그리고 더 나아가 학교 자치라는 시대적 요구와 방향에 맞추어 시·도 교육청이 '지역 교육과정의 개발자' '학교 교육과정 지원자'의 역할을 수행해야 할 과제를 안고 있는 것이다.

　교육 자치의 실질적 로드맵은 학교 자치로 구체화되어야 실체감을 갖는다. 학교와 교사의 교육 자율권은 교육과정 자율권 확보로 설득력을 갖는다. 가장 중요한 것은 교사 교육 자율권, 교육과정 구성권과 운영권 등의 확보를 통한 정책 실행이다. 교사의 교육 자율권은 교육과정 전문성과 교육과정의 자율성을 담보해 주었을 때 실질적으로 보장된다. 학교 현장의 교육과정 자율성이 확보되는 것이 실질적인 학교 자치의 출발이며, 학교 자치가 완성되었을 때 교육 자치가 실현되는 것이다. 또한 2009년 진보 교육감의 교육 자치 행보에서 출발하여 학교 변화를 이끌어 냈던 현장 교사들의 실천적 요구를 받아들이는 차원이기도 하다.

교육과정 자율과 교사 학습공동체

교육을 두고 집단 간의 이해와 견해가 상충할 때 자칫 그 결말이 교육 본연의 지향점과 멀어지는 방향으로 흐르기 쉽다. 논의에 참여한 비전 문적인 사람이 많을수록, 그리고 논의의 과정이 지난할수록 관련된 집단 간의 대립은 본질적인 목적으로부터 벗어날 가능성이 크다. 당장 손에 잡히는 현실적 효용을 추구하는 주장은 교육 본연의 가치와 원리를 쉽게 압도할 수 있기 때문이다. 일반 대중은 물론이고, 일부 교육자들에게도 왜곡된 교육의식이 널리 퍼져 있고, 입시로 인해 학교교육의 모습이 기형적인 것도 우리가 처한 현실을 말해 주고 있는 듯하다. 학교와 교육에 대한 학교 밖 사람들의 개방과 참여에 따른 결과는 이 상황을 더욱 어렵게 만든다. 학교 본연의 기능이 왜곡되고, 그 기능을 수행하는 교원의 역할 및 권한의 손상이 클 수 있는 지점이다. 여기에 학교 자치가 '자유스러움' 수준으로 이해된다면 또 하나의 넘어서기 힘든 질곡을 만들 우려가 있다. 학교 자치는 자율만큼 책무가 중요하고, 이것이 교육 활동의 중핵이라고 할 수 있는 교육과정의 자율과 책무로 전환되어야 이 질곡에서 벗어나는 것이 가능하다. 교육과정을 중심으로 학교 자치를 위한 발전적 대안들을 제시해 보고자 한다.

첫째, 기저로 작동하는 전제 : 학교 본연의 역할
학생의 삶과 성장으로서의 학교 교육활동과 공교육 기관으로서 학교

교육력 향상이라는 역할의 자리매김은 학교 자치가 지향하는 핵심이다. 학교 자치를 통해 학교는 보다 좋은 교육을 창출하여 제공하여야 하며, 이러한 활동은 학생 개개인의 삶을 지지해 주기 위함이다. 여기에서 교육의 좋고 나쁨은 어디까지나 교육 본연의 역할에 기준하여 판단되어야 한다. 그 기준이 이기적인 발상에 의해 설정되거나 다양한 집단의 이해가 갈등하는 과정에서 부당하게 그 집단의 동기에 의해 좌우되어서는 안 된다. 학교가 개방되고 학교의 일에 관여하는 이해 집단이 다양해지더라도 원칙은 학교는 학교다워야 한다는 것, 즉 본연의 목적에 충실해야 한다는 것이다. 학교 자치가 도달할 '새로운 질서'가 학교 본연의 기능을 상실한 어떤 것일 때, 그 혁신은 의미 없는 것이다. 발전이 오히려 퇴행이 될 수 있다. 자유와 민주주의의 원칙이 있고, 집단 간의 참여와 교류가 아무리 활기를 띠더라도, 그것은 학교 본연의 목적에 충실해지기 위한 전제 조건일 뿐 목적이 될 수 없음을 분명히 해야 한다.

학교 자치는 학교 본연의 기능을 지키고, 그것이 더 잘 실현되도록 하는 가운데 의의를 지닌다. 학교 관계자들의 자율, 주체의식, 협업 등이 갖는 가치가 학교교육 본연의 가치에 우선할 수는 없다. 학교 자치 발전의 토대에는 학교가 본연의 역할에 충실해야 한다는 전제가 있어야 한다.

둘째, 교육과정의 자율 : 만들어 가는 교육과정
'만들어 가는 교육과정'이란 교사들이 함께 모여 학교에서 어떤 것을 가르쳐야 할까를 논의하는 것을 말한다. 공교육에서 민주시민을 길러 내야 한다는 이야기를 많이 한다. 민주시민, 배려, 존중 등은 학교에서 가르쳐야 하는 요소이다. 또 비판적인 사고와 창의적인 사고를 할 수 있는 학생들을 길러야 한다고 한다. 이것은 국가 교육과정에서 말하는 것과 동일하다. 교사들이 함께 논의한 결과를 보면 대부분이 이런 내용을 교육과정에 포함하고 있다. 은연 중에 공유되고 있는 교육의 중점적 내용들인 것이다. 주목할 점은 이러한 논의의 장을 만들고, 그 속에서 교사들이 이 내용을 발언한 순간 이 표현은 힘을 가진 약속이 된다는 것이다. 즉 배려라는 표현이 실질적으로 다가오고, 교사가 존중이라는 표현을 말한 순간 학생들을 바라보며 교사로서 꼭 가르치고 싶은 살아 숨쉬는 약속으로 전환된다.

그래서 교사들이 만들어 가는 교육과정은 함께 도출한 내용들이 국가 교육과정 또는 지역 교육과정에서 동일하게 존재하고 있음을 확인하고, 한층 더 강화해서 가르치고 싶게 한다. 교육과정을 만드는 과정에 개입하고, 교사가 스스로 약속의 주체가 되는 경험 등은 매우 중요하다. 과정은 합의의 경험이며, 약속은 성찰을 통해 반성된다. 이렇게 교사가 개입하여 만들어 낸 교육과정은 어떻게 가르칠 것인가의 차원에서 생명력을 얻게 되고, 또 그것이 학교의 철학이라는 방식으로 교사의 교육 관점을 녹여 내고, 각자의 교과 수업에까지 연결되는 경험을 할 수 있게 한다.

교육과정 합의 혹은 반성적 성찰은 교과 수업을 통해 이루어진다. 많은 학교에서 학교의 비전과 철학은 수업 안에 들어오지 못하고, 실질적으로 가르치는 내용은 교과서 진도에 맞추어 진행된다. 이 부분을 연결한다면 교육과정을 함께 만들어 가는 합의도, 반성적 성찰도 가능하다. 이를 위해 교사의 전문성을 함양해야 하고, 거기에 맞추어 교사의 자율성 또한 담보되어야 한다. 지금까지는 그것들이 담보되지 않은 상태에서 교사는 교육과정 재구성이라는 편법의 방식으로 불가능한 미션을 수행해 왔다. 혁신학교, 교육과정 자율화, 교육과정 수업-평가 일체화에서 진행되어 왔던 합의를 통해 만들어 가는 교육과정, 교사가 실천적으로 현장에서 운영해 온 것이다.

셋째, 교육과정의 연대 : 학습공동체

연대란 동등한 사람들 사이에서 형성될 수 있는 관계이며, 어떤 공동체 내에서의 '사회적 결합'이다. 교사에게 학습공동체는 교육과정 전문가로서의 연대를 의미할 수 있다. 동등하거나 유사한 일에 종사하는 사람들과 동일한 집단이나 공동체에 속하여 서로 간 연대하는 것은 비교적 쉬운 일이다. 우리는 혁신학교를 계기로 교사 간 교육과정 연대가 활발히 이루어졌던 경험을 하였다. 교사 학습공동체가 활발하게 조직되는 것은 매우 반가운 일이다.

독일의 사회철학자 라이너 촐(Rainer Zoll)은 오늘날 필요한 것은 타자와의 연대이며, 한 걸음 더 나아가 유기적 연대를 주장하고 있다(2008). 공동체와 집단의 한계를 넘어선 연대를 설명하는 것으로, 동질성과 집합체에 기반을 둔 강제적인 연대 대신에 다원성과 개인의 자율성에 기반을 둔 유연한 연대, 즉 유기적 연대가 새로운 희망이라는 것이다. 조직적 연대는 집단 연대로, 이는 집단이기주의에 불과하며 포괄적인 것이 아니면 진정한 연대가 아니라고 주장하고 있다.

이상적인 연대 개념을 필요에 따라 반성 없이 사용했던 것에 대한 성찰이 교육의 연대에서도 필요하다. 학교라는 공간에서 교사 학습공동체 연대를 그 성과에도 불구하고 여전히 출발점으로 보는 이유는 타자와의 연대를 포함해야 하는 유기적 연대로 나아가야 하는 과제가 있기 때문이다. 교육을 매개로 하는 동일한 집단이지만, 공동체에 속하지 않는 존재로 보이기도 하는, 즉 학생과 학부모와의 연대가 이에 해당한다. 특히, 교사의 전문성에 주목하는 교육과정에서 타자로 간주될 수밖에 없는 학생과 학부모와의 연대는 한 걸음 더 나아가는 행보이다. 학생과 학부모는 교육을 바라보는 관점이 교사와 다르며, 교육활동의 영역에서도 관심을 가지는 분야가 다를 수 있음을 존중하는 것이다.

여전히 이들 간 입장의 차이가 존재하지만, 학교 교육활동을 매개로 같은 집단으로 묶이기도 한다. 교육과정 전문가로서 함께하는 과정에 유기적 연대를 염두에 둔다면 타자라고 볼 수 없는 이들 학생·학부모·지역사회와 결합되어야 한다.

교육과정 연대로서의 학습공동체가 학교 자치 발전을 위한 학교 자체의 변화에 대해 시사해 주는 바는 크다. 학교 구성원들은 학습공동체를 통해 교육과 관련된 의식과 가치관을 강하게 공유한다. 그들은 학생의 의미 있는 학습을 지향한다는 기본 정신에 기초하여 설정된 학교의 목표를 공유하며, 그 목표의 달성과 관련하여 전문성을 갖추어 나갈 수 있다. 학교는 교육과정 수행을 통해 학생들에게 최적의 학습이 일어나도록 최선을 다해야 하며, 이를 공동의 노력으로 해결해야 한다는 생각을 가지고 동료의식하에 상호 보완 관계를 형성하는 것이다. 또한 전문성과 공동체성을 통해 리더십이 분산되어 있어 구성원 누구나 상황에 따라 효과적으로 자신의 역량을 발휘할 수 있다. 학생과 교사는 학습 지향의 가치관과 신념을 갖고 보다 잘 가르치고 배우는 일에 일체적으로 노력한다. 이런 가운데 교사들은 스스로 리더가 되어 자기정체감과 자기효능감 속에서 자신의 일을 자율적으로 주도한다. 그리하여 교육과정 연대의 학습공동체로서의 학교는 조직적으로서는 느슨하게, 그렇지만 규범으로는 단단히 결합된 모습을 가질 수 있다.

학습공동체가 형성될 경우 그 학교는 학교교육과 관련된 건전한 의식과 가치관을 바탕으로 건강한 학교문화를 이루면서 학교의 변화를 스스로 주도하게 된다. 구성원들의 자발적 동기에 의해 교육과정이 주도되고, 그 구성원들은 학교가 가야 할 본연의 길을 분명히 지켜갈 수 있다. 이러한 연대의 의미로 학습공동체를 생성하고, 전문가의 주도로 교육과정이 운영된다면 학교 자치의 발전을 위한 기본 조건이 마련되는 것이다. 즉, 학교의 교육과정 중심 학습공동체화는 성공한 학교 자치가 보여줄 수 있는 결과의 일부이기도 하면서, 또한 학교 자치가 성공하기 위해 선결되어야 할 중요한 필요조건이기도 하다.

학교 자치에 대해 함께 성찰하는 질문

◆ 학교 자치와 교사의 교육과정 자율권은 어떤 관계가 있을까요?
◆ 교육과정 자치를 위해 우리 학교 학습공동체가 지향해야 할 방향은 무엇일까요?

4. 학교 자치와
지방자치단체의 연계

국가가 지방자치단체에 지원하는 지방재정교부금은 지방교부금과 지방교육재정교부금으로 나누어진다. 그중 지방교육재정교부금은 국가가 지방자치단체에 교부하는 교육 지원금이다. 지방 교육에 필요한 비용을 교부함으로써 교육의 균형 있는 발전을 도모하는 것이 목적이다. 「지방교육재정교부금법」에 따라 지방자치단체가 교육기관이나 교육행정기관을 설치·운영하는 데 필요한 비용을 지원한다. 이 법에 의거하여 지방자치단체에서는 유·초·중·고의 학교로 교육예산을 지원해 주고 있다. 사실 지방자치단체에서는 의무적으로 교육예산을 지원해야 함에도 마치 자신들의 재산을 기부하는 것처럼 착각하는 경우도 존재한다. 즉 시장이나 지사의 개인적 업적을 위해서 교육철학이 없는 투자를 하는 형태가 일부 있어 왔다. 이런 철학 없는 교육투자 사업은 전시성이고 일시적인 사업에 매몰되어, 정작 교육예산이 필요한 곳에 적절히 투자할 수 없게 된다. 지방자치단체의 교육예산은 교육협력 사업이라 불리며, 대부분 하드웨어 중심의 건설(급식실, 화장실, 인조잔디, 강당)이거나 대규모 전시행정, 원어민 사업 등이 이루어졌다.

광역지방자치단체에서는 세부 사안까지 신경 쓰기 어렵지만 기초지역자치단체에서는 현장의 문제점을 인식하여 도내 학교와 학생들을 위한 교육사업을 만들 수 있도록 노력하였다. 진정한 의미의 학교 자치가 이루어지려면 학교에서 고민하고 있는 교육사업이 교육과정 내 투입될 수 있도록 프로그램 운영에 도움이 될 수 있게 예산을 지원해야 한다. 이런 과정이 있어야만 해당 지역에 정주하고 머무르는 인구가 늘어나고, 학부모와 학생의 만족도가 높아진다. 그동안 제기되어 왔던 문제점을 인식하여 교육청과 지방자치단체 간의 제대로 된 교육협력 사업의 방향을 바꾸었다. 2011년 경기도교육청에서 시작한 혁신교육지구는 현재 전국적인 사업으로 퍼지고, 문재인 정부의 국정과제에도 녹아들었다. 1기 혁신교육지구를 경험한 시흥·오산·의정부·안양·광명은 주민들에게 긍정적인 평가를 받고 있고, 지방자치단체에서는 더욱 의지를 갖고 확산시키고 있다. 교육협력 사업은 2014년 마을교육공동체 사업으로 전환되면서 더 많은 호응을 얻고 있으나 방향성에 대한 재검토가 필요하다는 의견도 일부 존재한다. 무분별하게 사업성으로 시작되는 것들이 있고, 예산과 이권에 대한 관심으로 각종 단체가 난립하여 학교 자치를 힘들게 하기도 한다. 이것에 대한 견제 장치는 아직 완벽하게 마련되지는 않았으며, 앞으로 많은 숙제가 있을 것이다. 특히 학교 자치에 있어 지역사회가 어떤 역할을 해야 하는지 한국형 모델이 존재하지 않아 자칫 학교가 지역사회에 종속되어 버리는 현상이 발생할 가능성도 있다.

슈퍼맨이 될 것을 강요받는 교사

교사는 수업과 생활지도, 행정 업무 등을 담당하고 있다. 학교 자치를 떠나 교사 입장에서 지방자치단체와의 교육협력 사업은 반갑지 않은 일이다. 교사는 수업과 교육과정에만 집중하고 싶어 한다. 교사를 달래기 위해 교육부나 시·도 교육청에서는 교원 행정 업무 경감 정책을 말하고 있으나, 전체적인 총량과 기능을 조정하지 않은 사업적인 형식으로는 교원 행정 업무 경감은 이루어지지 않는다.

최근 들어 학부모 민원과 학교 폭력 사안의 증가로 인해 여러 고민을 가지고 있는 교원 입장에서는 지역사회와의 교육협력 사업을 왜 우리가 해야 하는지 의문이 생긴다. 지방자치단체에서 해야 하는 사업을 교사가 하는데도 추가적인 대체 인력이 없다는 것에 대한 불만이 상당하다. 차라리 경찰이나 소방직처럼 교원도 행정과 본 업무를 분리하자는 논의까지 나왔으나, 도입은 요원하다. 교사의 교육 자치에 대한 관점이 바뀌고, 교육협력 사업에 찬성하더라도 행정이 교사의 주 업무가 되어서는 안 된다. 지역과 함께하는 교육협력 사업에 있어 초창기 인력 사업(행정보조, 상담교사, 수업보조교사, 사서교사)이 많았었는데, 고용의 승계로 인해서 사업 자체가 대부분 폐기되었다. 이것은 국가가 나서서 주도해야 함에도 불구하고, 기형적인 제도가 양산되는 것을 방관했다. 교사가 수업과 교육과정 연구·운영에 매진할 수 있도록 제도적으로 보완한 후 지역사회와 교육협력 사업을 말하는 것이 순리다.

교사들이 교육협력 사업을 반대하는 현상의 이면에 어떤 의미가 있는지 고민해 봐야 한다. 수업, 교육과정, 생활지도, 행정 업무, 교육협력 사업, 학생·학부모 상담을 모두 다 하는 슈퍼맨을 바라기보다 차라리 행정과 수업·교육과정을 분리하거나 제도적 보완 장치를 마련해 주는 것이 먼저다. 교육부나 지방자치단체에서 수업보조 인력(행정 인력 포함)의 당위성을 인정하고 고용의 주체를 정하는 것이 학교 자치를 도와주는 것이라고 생각된다. 예산이 독립되고, 인사도 임용·고용·계약을 할 수 있도록 자율권을 준다면 학교 자치에서 교육협력 사업이 필요 없을 수 있다. 장기적·제도적인 관점에서 이 전제가 이루어져야 하며, 단기적으로는 지방자치단체가 나서야 하지 않을까 생각한다. 그러나 지방자치단체는 쉽게 나서려고 하지 않는다.

만약 지방자치단체의 예산을 교육 자치를 지원하는 방향으로 사용하면 어떨까? 혁신교육지구 사업(교육협력 사업)이 법제화되고, 의무적으로 학교를 지원한다면 학교의 입장에서는 예산의 운영에 어려움이 없을 것이고, 학교 자체의 독립적인 운영이 가능하게 될 것이다. 예산을 따기 위해서 학교장이 교육청이나 상급 기관 및 유관 기관에 잘 보이려 노력하지 않는다면, 내부의 학생들을 바라보게 될 것이다. 그리고 구성원의 의견을 들어 예산을 어떻게 효율적으로 활용할 수 있을지 고민하게 될 것이다.

교육협력 사업의 성공과 학교 자치의 만남

학교 자치가 이루어지려면 지방자치단체의 협조가 필요하고, 교육협력 사업이 필수적으로 있어야 한다. 이러한 협조 없이 학교 자치가 이루어지려면, 학교에 많은 교직원이 있거나 봉사활동가들이 있어야 한다. 학교 자치는 인근 유관 기관과의 네트워크 속에서 유기적으로 움직이는 생태계를 구축한다. 교육 생태계를 구축하는 단위 학교의 자치를 위해서 지방자치단체와 교육청의 협조는 필수적이다. 이미 지방자치단체는 평생교육법에 의해 교육에 투자하고 협력해야 하지만 기능적으로 움직였던 것이 사실이다. 교육 3주체가 혁신교육지구나 마을교육공동체와 같은 철학적 방향을 공유할 때, 이들의 각성으로 지역 시·도 의회와 국회의원의 협조를 이끌어 낼 수 있다. 지금은 교육협력 사업을 왜 해야 하는지 물어볼 때가 아닌, 어떻게 잘할 수 있을까를 물어볼 시점이다. 이러한 교육협력 사업은 학교 자치에 있어 예산의 독립적 운영에 효과적인 지원 체제가 될 것이다.

경기도교육청이 시작한 혁신교육지구 사업은 지방자치단체 평생교육과 시·도 교육청의 초·중등 교육이 만나 교육 프로그램의 개발과 보급이라는 목적을 상당히 달성하였다. 현재 경기도 31개 시·군·구, 12개 지방자치단체에서 혁신교육지구 사업을 하고 있고, 만족도가 높다. 혁신교육지구와 맞물려 마을교육공동체라는 이념으로 지역과 학교가 함께하는 사업에도 주민들이 호응하고 있다. 기존 교육예산을 주로 건설 사업에 투자했던 지방자치단체였지만, 혁신교육지구 사업을 추진하면서 학생과 학부모의 만족도가 높아지고, 그것이 지방자치단체에 대한 지지도 상승으로 이어졌다.

경기도 성남시의 경우에는 무상교복·성남형 교육을 추진하여, 일약 전국에서 주목받는 지방자치단체가 되었다. 쉽게 생각하면 이렇다. 규모에 따라 다르지만 강당을 짓는 데 몇 십억에서 몇 백억까지의 비용이

든다. 그런데 성남에서 실시한 무상교복 사업은 불과 25억 원가량이 들었다. 적은 비용으로 성남시민의 만족은 물론 전국적인 인지도까지 쌓게 되었다. 교육적이면서도 수요자가 원하는 것을 가장 잘 맞추었기 때문이다.

예산을 효과적으로 교육에 맞춰서 쓸 때 그 혜택을 누린 국민들의 목소리를 통해 전국에 퍼진다. 혁신교육지구나 무상교복 모두 같은 원리로 전국에 퍼지고 있다. 시·도 교육청의 교육에 대한 고민이 지방자치단체와 함께 맞물려 학교 현장에 투입되고 학교·교직원·학생·학부모의 변화까지 이끌어 내고 있는 것이다. 혁신교육지구 사업은 초·중·고 학생과 학부모·교직원에게만 한정되어 있다는 아쉬움은 있지만, 많은 교훈을 남긴 사업임은 틀림없다.

지방자치단체와의 교육협력 사업이 교육적 방향성을 가지지 않으면 혼란은 지속될 것이다. 지방자치단체는 돈은 돈대로 쓰면서도 국민들은 만족하지 못하는 악순환을 탈피할 수 있는 방안이 있는데, 고민하지 않고 있다. 방법을 몰랐기 때문이라는 것도 직무 유기에 가깝다. 물론 교육협력 사업을 추진한다고 모든 것이 다 해결되는 것은 아니다. 교육협력 사업과 학교 자치에 대한 구성원의 설득 작업이 없이, 상의하달식으로 진행되는 전시사업이 되지 않도록 해야 한다. 기관 주도 사업의 한계성은 극명하다는 것을 이미 우리는 알고 있다. 이를 개선할 수 있는 것은 학교의 힘이자 권리·의무이다. 학교는 예산 없이는 아무것도 진행하기 힘들다. 그 예산의 방향과 철학을 만드는 것은 학교 구성원이 함께 해야한다. 학교교육 3주체가 모여 지방자치단체와 함께 학생의 성장을 위해 지역 특성에 맞는 학교가 가야 할 철학적 방향을 공유해야 한다. 학교에서 독립된 예산 운영이 어렵다면 지금처럼 거대한 기관에 종속되는 악순환 속에서 소진될 수밖에 없다.

학교 자치에 대해 함께 성찰하는 질문

◆ 학교와 지방자치단체의 교육협력 사업에 대해 어떻게 생각하나요?

◆ 지방자치단체의 교육협력 사업이 학교 자치와 함께 성장하려면 어떤 노력이 필요할까요?

제3장

학교 자치를 보는
바람의 시선

1. 학생과 함께하는
   학교 자치

학생 자치는 학생들이 자율성을 가지고 스스로 주도적인 활동을 펼침으로써 민주시민의 자질을 함양하는 활동으로, 다음과 같은 법으로 보장되고 있는 권한이다.

- **초 · 중등교육법 제17조(학생자치활동)**
  학생의 자치활동은 권장 · 보호되며, 그 조직 및 운영에 관한 기본적인 사항은 학칙으로 정한다.

- **초 · 중등교육법 시행령 제30조(학생자치활동의 보장)**
  학교의 장은 법 제17조의 규정에 의한 학생의 자치활동을 권장 · 보호하기 위하여 필요한 사항을 지원하여야 한다.

학생은 학교의 주인으로 대우받고 있는가

학교의 주인은 학생이라는 담론을 생각해 보자. 학교에 근무하는 교직원과 자녀를 학교에 보내는 학부모는 학교를 모교라고 부르지 않는다. 학교를 모교라고 부르는 것은 오직 학생뿐이다. 학생들에게 자신이 다니는 학교는 해당 학령기에 하루 일과의 대부분을 보내는 온전한 생활 공간이다. 학교를 잠시 거쳐 가는 여러 구성원과는 본질적으로 다르다. 학교 구성원 중에서 가장 많은 비율을 차지하는 것도 학생이다. 학생이 없으면 학교의 존재 이유가 사라지는데, 교직원이 부족하거나 시설이 모자라면 여러 행·재정적 지원으로 채워지지만, 학교에 학생이 없으면 그 학교는 문을 닫아야 한다.

그런데 학교 운영의 결정권은 주인인 학생들에게 돌아가고 있을까?

여전히 많은 학교가 학생을 지도받아야 하는 대상, 교육과정을 이수해야 하는 대상, 학교생활을 관리해야 하는 대상으로 인식하고 있으며, 학교는 학생이 주체가 되는 삶의 공간으로서의 역할을 다하지 못하고 있다. 학생들을 위한 교육활동이라는 이름으로 포장하여 정치적·대외적인 목적을 달성하고자 학생들을 이용하는 교육청과 학교의 사례는 어렵지 않게 찾을 수 있다. 민주주의의 테두리 밖으로 밀려난 학생들은 학교공동체라는 그럴듯한 이름 뒤에 숨겨져 통제의 대상이 되어 버렸다. 그러한 현실에서 그들을 감히 주인이라고 부르는 것은 구름을 잡는 이야기 같다.

그럼 학교의 의사결정 과정에 학생들이 얼마나 참여하고 책임지고 있을까?

나이가 어리다, 미성숙하다는 이유로 의사결정 주체가 되어야 하는 학생들이 소외되고 있다. 과연 미성숙하다는 것이 나이로만 구분될 수 있는 것인지 생각해 볼 필요가 있다. 어른 중에도 성숙하지 못한 이가 많이 있고, 학생들의 모습에서도 성숙한 태도는 얼마든지 발견할 수 있기 때문이다. 또한 성숙이라는 완전한 상태를 이루는 것이 과연 가능한 것인지, 아니면 끊임없이 이루어 가는 과정으로 성숙을 바라봐야 하는지도 생각해 보아야 한다.

청소년 미성숙론은 학생들을 관리 대상으로 수단화시키는 좋은 핑계거리가 된다. 어른은 성숙하기 때문에 학교에서 학생들의 삶의 질을 결정하는 여러 문제들에 대한 결정권은 고스란히 어른들의 몫이어야 한다고 말한다. 학생들을 위해 마련된 장소인 학교에서조차 그들은 자신의 문제를 스스로 결정하지 못하는 것이다. 그런데 이 미성숙한 청소년이 아무런 준비 없이 짧게는 1년에서 길게는 몇 년 뒤에 갑자기 성숙한 어른이 되어 자신과 자신이 속한 조직의 일들을 스스로 결정할 수 있다는 말인가? 청소년들의 현재 모습이 어른들이 보기에는 서투르고 부족할 수 있다. 그래서 더욱 현재와 미래의 성숙한 시민이 되기 위해 학생들에게 의사결정과 참여의 경험이 주어져야 한다. 우리나라 근현대사의 근간이 되는 중요한 사건인 3·1운동에서 유관순은 17세에 주도적인 역할을 하였으며, 4·19혁명에서 고등학생들은 제 몫 이상을 해 주었다.

몇 해 전 촛불집회 때도 전국의 청소년들은 광화문 거리에서 펼쳐진 역사적인 민주주의 현장에 함께 있었음을 기억해야 한다.

비단 학교 안에서뿐 아니라, 학생들은 자신이 속한 초·중등 교육에 관한 권한을 가진 각 시·도 교육감에 대한 참정권도 누리지 못하고 있다. 또한 얼마 전까지만 해도 대통령 말 한마디에 전국 학생들의 교과서가 바뀌는 시대를 살아 왔다. 인공지능 시대라 불리는 현재에도 학생들은 여전히 학교생활에서 많은 것들을, 심지어 자신이 공부할 교과서, 옷차림과 헤어스타일까지 온전히 선택하지 못하고 있다.

학생 자치, 그 흔한 풍경

반장이 교탁에 서서 회의를 진행하고, 부반장은 칠판에 기록하고, 서기는 제출용 회의록을 작성한다. 자기 부서 순서가 되면 총무부, 학습부, 홍보부 부장이 차례로 발표를 하고, 마지막은 절대 피드백이 이루어지지 않을 건의사항으로 마무리되었다. 담임인 나는 맨 뒷자리에 앉아서 아이들이 회의하는 모습을 지켜본 다음, 의미 없는 평가를 해 주고 특별한 일이 없으면 회의는 20분 만에 끝나서 남은 시간은 자습이나 수다로 마무리했다. 지금 생각해 보면 너무 창피한 일이라 얼굴이 붉어지지만, 그때는 그게 어색하지도 않았다.

— 이민영의 『학생 자치를 말하다』 중에서

매년 열리는 전교학생회 선거 모습을 생각해 본다. '학교 폭력 없는 학교를 만들겠다' '우리 학교를 최고의 학교로 만들겠다' '학교에 편의시설을 늘리겠다' 등 학생 개인이 지킬 수 없는 공약들만 난무하고 있지 않은가? 나이가 어릴수록 선거는 학부모의 대리전으로 치러지고 있으며, 유세 과정에서는 봉사하는 회장이 된다고 말하지만 당선되고 나면 봉사는 까맣게 잊어버린 학생회장의 모습은 어른들의 모습과 꼭 닮아 있다. 아무런 자치활동 없이 매년 외부 시상과 표창의 추천 일순위가 되는 그들의 모습은 우리가 처한 학생 자치의 민낯이다. 수십 년 전부터 이루어져 온 학생회장, 학급회장 선거는 허황된 공약만을 내걸고, 이에 대한 충분한 토론은 이루어지지 않은 채 화려한 홍보기술 자랑 대회가 되어 버렸다.

　학교마다 조직되어 있는 학생회는 형식적으로 존재하여 수업 시수에만 반영되어 있고, 왜 해야 하는지, 어떻게 해야 하는지 교사도 학생도 모르는 경우가 많다. 회장은 교사의 잔심부름이나 대표 인사를 하는 수준에 머무르면서 수동적인 학생들, 시키는 대로 말 잘 듣는 학생들만을 양성하고 있다. 누군가에게 학생회의 가치는 입시에 필요한 한 줄의 스펙 정도로 전락하였고, 평소에는 침묵을 지키다가 수능 당일 아침 선배들을 응원할 때만 큰 목소리를 내는 경우가 많다.

학생의 관심사로부터

학생 자치 활성화를 위해서는 학생들의 학교생활에 먼저 관심을 가질 필요가 있다. 초등학교는 상대적으로 교칙의 엄격함이 덜하고, 학급 담임교사와 하루 종일 생활하면서 학급 단위로 대부분의 일이 이루어지다 보니 학급의 규칙, 학급 놀이와 행사를 자신들이 만들어 가는 것, 동아리 부서 선택 등에 관심이 많다.

중·고등학교는 학생생활선도기준, 학생생활규정 등의 이름을 지닌 교칙을 가지고 있다. 본격적으로 외모에 대한 관심이 높아지는 청소년기가 되면, 이와 관련된 교칙에 대한 관심도 높아진다. 초등학생 때까지는 자유롭게 염색도 하고, 머리도 기르고, 입고 싶은 옷을 입다가 중학생이 되어서 크게 바뀌는 규정 때문에 적잖이 당황하기도 한다. 머리 길이와 색깔은 물론이요, 심지어 머리핀 색깔이나 운동화 끈 색깔까지 규정에 두고 있는 학교도 존재한다고 한다. 그러다 보니 어른들이 일방적으로 정한 규칙을 어기면서 갈등과 반목이 생긴다.

두발, 교복, 학교생활규칙 등을 제정함에 있어 학생들의 의견이 반영될 필요가 있다. 학생 스스로 규정을 만들거나 그 과정에 참여함으로써 합의된 결과를 책임감을 가지고 실천할 수 있어야 한다.

학교 매점, 음료 자판기, 교과 교실제, 교복 공동구매 등도 주요 관심 대상이다. 또 학생들은 다양한 학교 행사에도 관심이 많다. 자신들이 직접 기획하고 만들어 가는 학교 축제, 동아리활동, 체육대회 같은 것들이다. 학교 축제를 학생회가 주관하여 장소를 섭외하고, 각각의 활동을 기획하는 경우도 늘고 있다. 이처럼 학생들의 관심 사안이 회의 의제가 되고, 실제 학교 운영에 반영될 때 학생들은 비로소 의미 있는 자치활동을 만들어 갈 것이다.

학교 구성원이 바라보는 학생 자치

2018년 5월, 교육부 등이 주최한 교육정책 토론회에서 학교 구성원이 바라는 학생 자치에 대해 교사·연구자·교육전문직이 논의한 결과는 다음과 같다.[13]

---

13 서영선, 학교 구성원이 바라는 학교 자치와 교육청의 지원(2018. 7. 25.), 현장 리포트

학교 운영과 관련한 다양한 영역에서 학생의 참여 기회를 확대하고, 교육과정 운영에 있어 학생의 선택권(교과, 창의적 체험활동, 동아리활동 등)이 보장되어야 한다고 언급하고 있다. 또한 학생을 존중하고, 그들의 권리를 보장하며, 학생 자치활동을 위한 시간 확보, 기회 제공 등이 필요하다고 말한다.

교사의 역할은?

학생 자치가 이루어지기 위해서는 역설적으로 교사의 역할이 아주 중요하다. 학생회를 담당하는 교사가 누구냐에 따라 그 해 학생회 운영의 질이 달라지기 때문이다. 어떤 해에는 학생 자치가 잘 이루어지다가도 다음 해에 담당 교사가 바뀌어 잘 이루어지지 않는 경우도 허다하다. 학생들이 관심 없는 주제를 교사가 제시하면 학생들의 의욕은 감소되고, 형식적인 회의만을 진행하는 경우가 많아지는 것이 그 이유이다. 단순히 학생들을 모아 놓고 자치활동 하라고 하면 제대로 될 리가 없다. 학생들의 하고자 하는 의지를 끌어올릴 수 있는 교사의 적극적인 태도가 요구된다. 물론 그 방법을 하향식으로 전달하고, 학생들의 활동에 일일이 개입하라는 것은 아니다.

자치활동을 배워 가고 있는 학생들의 입장에서 학생 자치에 대한 중요성을 인식하고, 학생의 관점에서 공감해 주며, 전폭적으로 지원해 주는 교사가 있으면 학생회 운영의 질이 높아지는 것은 당연하다. 자치의 영역은 학교라는 공간과 일과 중 시간 안에서 시작되어 그 폭과 범위가 확대되어야 하기 때문에 학생들의 생각에 날개를 달아 주는 교사의 조력은 상당히 중요하다.

시흥에 있는 장곡중학교에서 학생회 활동 중 교사가 교복을 직접 입어 보고, 학생들이 교복에 대한 규정을 어기는 이유를 학생 입장에서 파악하여 학생들이 불편하게 느끼는 부분을 개정하고, 학생들로부터 새로운 교복 디자인을 공모받은 사례는 교사의 역할이 얼마나 중요한지 보여주는 좋은 사례이다.

또한 교사는 소위 학급과 학교에서 목소리 큰 몇몇 학생들의 생각이 전체의 의견으로 대표되지 않도록 전체 학생들의 목소리를 담을 수 있는 평화롭고, 수용적인 학급·학교 분위기를 만들어 가야 한다.

학생 자치활동은 수업, 평가 등과 다르게 제대로 이루어지지 않아도 당장 학교에서 큰 문제로 부각되지 않기에 의무적·형식적으로 운영하고자 하는 교사가 있다. 이러한 상황에서 진정한 학생 자치는 먼 이야기일 뿐이다.

학생 자치에 대한 지원

학생 자치활동의 활성화를 섣불리 수치화된 결과로 증명하려고 해서는 안 된다. 교육청과 학교의 지원도 눈에 보이는 결과물을 얻기 위해서가 아니라, 학생들의 자발적인 참여와 몰입이 이루어지는 가운데 학생들이 스스로 성장할 수 있도록 터전을 마련하는 일에 초점을 두어야 한다. 학생 자치활동의 활성화는 학생들이 진정한 주인으로서의 역할을 할 수 있는 조건을 만드는 일에서 시작되어야 하는 것이다.

모든 활동이 이루어지기 위해서는 우선 여건과 재정이 뒷받침되어야 한다. 일단 학교는 학생 자치를 위한 독립적인 공간을 마련해야 한다. 이 공간은 겸용 공간, 이름뿐인 공간, 한쪽 구석에 남는 공간이 아니라 학생들이 쉽게 모일 수 있는 곳에 위치해야 하고, 활동하기 쾌적한 공간이어야 한다. 학생들만을 위한 단독의 실질적인 장소로 만들어야 한다. 컴퓨터, 프린터, 사무용품 등 기본적인 물품을 비치하고, 학생 누구나 편안하게 오고 싶은 곳으로 구성해야 한다. 다음으로 학생회가 주도적으로 사용할 수 있는 예산을 배정해야 한다. 그 예산의 범위, 구조, 사용 방법 등에 대한 교육도 이루어져 법적 테두리 안에서 최대한 학생의 예산 집행 자율성을 보장해 주고, 이와 관련하여 독립적인 결정을 내릴 수 있는 권한이 확보되어야 한다.

또한 학교는 정규 시간 및 점심 시간 등을 활용하여 학급회의, 대의원회의 등이 이루어질 수 있도록 학생 간 소통의 기회를 제공해야 한다. 학생들은 다양한 생각과 주장을 나누는 과정에서 서로를 이해하고, 설득하거나 때로는 설득당하는 경험 등을 통해 시민의식을 기를 수 있다. 학생회 사이에서 자연스럽게 어울리며 목적을 가지고 활동하면서 선후

배 간, 동료 간 갈등과 폭력이 줄어들고 연대의식도 강화될 수 있다. 학생회 일부의 참여를 넘어서 학생 전체의 참여를 독려하기 위해 대의원 회의를 중계하여 전교생 참여형 회의를 운영하는 학교의 사례도 주목할 만하다. 학생회장, 부회장에 입후보하는 자격 요건을 학생회를 일정 기간 이상 경험한 학생이 가능하도록 하면 자치활동의 취지와 이해를 바탕으로 내실 있는 활동을 펼칠 수 있다.

아울러 학생회를 포함한 다양한 학생 동아리를 일과 중에 여유 있게 운영할 수 있는 탄력적인 시간 운영도 요구된다. 더불어 교육청은 각 학교의 학생들이 다른 학교 학생들과도 소통할 수 있는 자리를 마련하여 학생들의 사고가 확장되고 연대할 수 있도록 네트워크 형성을 위한 지원을 뒷받침해야 한다.

학생 자치를 위한 교사 역할의 중요성을 생각해 보았을 때, 학생회 교사 업무 배정에 학생들의 의견을 반영할 필요도 있다. 학생회를 담당할 교사를 학생회에서 주도적으로 섭외·지정할 수 있으면 더욱 좋다. 적극적으로 학생회를 견인할 수 있는, 학생들과 원활하게 소통할 수 있는 교사를 선임할 수 있는 권리가 주어져야 한다.

또한 현재 교사들도 학생 시절 제대로 된 자치활동을 경험한 사례가 많지 않기 때문에 학생회 교사에 대한 연수와 홍보가 필요하다. 장기적으로는 학생회의 의결사항을 학교 운영에 실질적으로 반영할 수 있는 창구를 마련해야 한다. 학교장은 정기적으로 학생 대표와의 만남을 가

저야 하고, 그 결과를 전체 학생 대상으로 공유해야 한다. 학생들의 의견을 학교장의 독단적인 판단이 아닌 교직원 협의회, 학부모 간담회 등의 수렴 과정을 통해 반영할 수 있는 구조가 갖추어져야 한다. 학교운영위원회에 학생회 대표가 참관하고, 법 개정을 통해 연령에 따라 구성원이 될 수 있다면 학생 자치는 더욱 활성화될 것이다.

학생 자치의 영역은 자신의 학급 및 학교 행사와 같은 이벤트적 성격, 두발과 교복과 같은 외모와 관련된 규정을 정하는 것을 넘어 학교생활의 주를 이루고 있는 수업에까지 연결되어야 한다. 학생들이 선호하는 수업에 대한 의견이 반영되고, 듣고 싶은 과목과 수업을 선택하여 수강하는 등 수업과 관련된 학생들의 선택권, 수업에 대한 개선 사항을 요구하는 목소리를 담을 수 있는 제도적 장치가 필요하다.

학생들이 교육과정 운영에서 중요한 목소리를 내다 [14]

이우학교는 개교 당시부터 교사·학생·학부모를 교육의 3주체로 설정하였다. 교사회는 교육과정의 편성과 운영에 대해 최고 의결권을 갖고 있다. 학부모회는 대표를 학교운영위원회에 파견하여 학교 운영의 중요한 의사결정 과정에 참여하기도 한다. 학교가 기대하는 인간상을 구현

---

14 『함께 여는 교육』 vol 22, 이우고등학교의 사례를 발췌 및 수정·요약하였다.

하기 위해서 학생들이 스스로 기획하고 실행하며 평가하는 교육과정이 필요했고, 이를 위해 학생 자치를 중요한 교육과정으로 배치하였다. 그 과정 속에서 총학생회 및 학년 학생회, 동아리, 준비위원회 등이 만들어졌다.

이우중학교에서는 2005년 총학생회가 생긴 이래, 학생 문화에서 제기된 문제들을 캠페인과 행사로 해결하고, 사업을 운영하기 전에 각 반 학생들의 의견을 묻는 구조를 정착시켰다. 현재는 각반 – 학년 학생회 – 총학생회로 이어지는 구조가 만들어져 있다. 2010년 이후에는 학교를 넘어 사회 참여적 활동을 기획하고 실행하는 데 주력했다.

이우고등학교에서는 학생들이 교육과정 운영에 대해 의미 있는 목소리를 내고 있다. 총학생회가 시간표에 동아리활동 시간을 확보해 줄 것을 교사회에 요청하기도 하고, 교사 청문회를 통해 학생들이 자신의 불만과 건의사항을 교사들에게 이야기하고, 교사들도 그에 대한 자신의 생각을 이야기하는 자리를 열었다. 교사 청문회에서 학생들이 제기한 골자는 다음 3가지였다.

하나, 예전보다 학생들에 대한 관심과 애정이 식었다는 것.

둘, 생활 지도와 대학 입시 등의 문제에서 교사들마다 상이한 목소리를 낸다는 것.

셋, 학생들의 역동성이 줄어들었는데 교사들이 안이하게 대처한다는 것.

그리하여 방학 때 진행된 '전체 교사 연수' 시간에 그 문제를 진지하게 다루었다. 2014년엔 세월호 참사 이후 총학생회가 애도 수업을 제안했다. 교사회가 그것을 수용하여 '애도 수업팀'을 꾸려 수업을 기획하고 각 학년별로 필수 교과에서 수업을 진행했다.

대한민국에서 학생들이 교육과정 운영의 한 주체가 된다는 것은 다소 생경한 일이다. 그것이 가능했던 이유는, 학생들은 자신들이 요구하면 바뀔 수 있을 것이라는 믿음이 있었기 때문이다.

말해도 바뀌는 게 없을 것 같다는 학생도 있긴 해요. 하지만 우리가 요구하면 바뀔 것 같다는 믿음이 있기 때문에 주체가 될 수 있었어요.

— 이우학교 학생

좋수만(좋은수업만들기를 위한 교사·학생 간담회)을 예로 든다면 이 수업의 의미가 무엇인가, 나의 수업 태도는 어떤가, 선생님에게 바라는 사항은 무엇인가를 진지하게 나누는 과정에서 합의사항을 도출해내는 게 좋습니다. 아이들이 이 과정에서 합리적인 의사소통의 방법을 익혀 나가는 것 같아요. 그리고 교사의 입장에서도 학기 중간에 학생의 피드백을 받아 자신의 수업을 개선할 수 있는 좋은 계기가 되는 것 같고요.

— 이우학교 교사 임선영

민주시민으로서의 학생의 책임

다루는 주제가 마음에 찔리는 아이들은 피하려고 하는 것 같아요. 그러면 다른 친구들도 덩달아 그러는 경우도 있는 것 같고요.

개인 일이 우선이라서 그런 것 같아요. 숙제도 해야 하고, 각자 해야 하는 일이 너무 많은 데다가 일상이 너무 바쁘고 피곤해요.

무언가를 하려고 열심히 준비를 했는데 다른 친구들이 관심을 가져 주지 않아요, 우리들만의 잔치 같아요.

— ○○중학교 학생들[15]

학생 자치가 활성화되지 않은 상황에서 학생의 책임을 다시 언급하는 것이 학생을 통제하였던 기존의 시각으로 받아들여지는 것은 아닐까 우려스럽다. 하지만 책임이라는 것이 전통적으로 학생에게 부여된 의무의 성격이 아닌, 책임 있는 시민이라는 관점에서 학생을 생각해 보고자 한다. 자율은 스스로 결정하지만 그에 대한 책임 또한 지는 것을 의미한다. 외부의 강제적인 통제 없이도 학생들은 스스로 자신을 제어할 수 있는 힘을 길러야 한다. 학생으로서의 의무를 다하여 교육공동체 안에서

---

15 『함께 여는 교육』vol 22, p. 33

신뢰를 만들어 가야 한다. 학교의 주인다운 부끄럽지 않은 행동을 하고, 합의된 결과를 존중하며, 책임 있는 실천을 해 나간다면 더 많은 영역에서 자신들의 목소리를 담을 수 있을 것이다.

학생들은 자신이 학교의 주인이라는 생각을 바탕으로 문제의식을 가지고 생활해야 한다. 학교에서 일어나는 부조리한 일에 눈 감지 말아야 하고, 의문이 생기면 답을 찾아가는 적극적인 노력을 해야 한다. 막연히 어른들의 힘에 기대어 건의만 하는 존재가 아니라 적극적인 참여자와 실천가로 거듭나야 한다.

학생 대표가 교직원과 학부모를 대상으로 의견을 펼치고 있다.

한 학교에서 있었던 일이다. 학교는 에너지 절약이라는 명분으로 더운 여름 간헐적 에어컨 가동을 실시하고 있었다. 수업 중에는 에어컨이 가동되었지만 쉬는 시간과 점심 시간에는 에어컨이 나오지 않았다. 하지만 교장실, 교무실, 행정실에는 쉬는 시간, 점심 시간에도 에어컨이 가동되었다. 이른바 어른들이 근무하고 있다는 이유였다.

위와 같은 상황은 학생들을 학교의 주인으로 생각하기는커녕 전기 먹는 하마쯤으로 바라보는 것이다. 이러한 구조적인 모순 앞에서 학생들은 침묵을 깨야 한다. 학교 안에서 해결되지 않는다면 학교 밖의 힘을 빌릴 수도 있다. 조금만 다른 시각을 가지고 학교생활을 바라본다면 학교는 학생을 중심으로 운영되지 않는 일들이 생각보다 많은 것을 발견할 것이다.

학생은 학교 자치의 열쇠

여러 활동이나 학급 자치에서 서로의 의견을 존중해 주고 반영하다 보니, 내 의견이 가볍게 여겨지는 것이 아니라 쓸모 있고 의미가 있는 것 같아요.

— ○○중학교 학생[16]

16 『함께 여는 교육』 vol 22, p. 30

자신의 의견이 조직 내에 반영되었을 때의 기쁨은 경험해 본 사람만이 알 수 있을 것이다. 그것이 바로 주인이 누릴 수 있는 참여의 기쁨이다. 학생들에게 이 기쁨을 맛보게 해 주어야 한다. 자신의 의견이 학급과 학교에 반영되는 그것 말이다. 초등학생의 경우 학급의 자리를 바꾸는 문제, 학급의 소소한 행사를 주관하는 것, 학급 및 학교 다모임 등을 통해 자신의 목소리를 반영하는 일 등 작은 것부터 시작할 수 있다. 중학생, 고등학생으로 올라갈수록 앞에서 언급한 것과 같은 폭넓고, 깊이 있는 활동들을 해 나갈 수 있으며, 이를 통해 학생은 학교의 주인으로서 책임감을 가지게 될 것이다.

학생들이 스스로 참여하고 기획하는 과정에서 이미 배움은 일어나고, 때론 실수하고 넘어지는 경험들을 통해, 그리고 그것을 책임지는 과정 속에서 진정한 학생 자치를 배우게 된다. 학생 자치는 학생 중심 교육의 기본 전제이며, 학생의 자발성과 주도성이 바탕이 된 참여활동은 자기 자신뿐 아니라 소속된 공동체의 문제를 스스로 해결해 나갈 수 있는 미래형 인재 양성의 선결 조건이다.

자치활동은 필연적으로 학생들의 삶과 연결되어야 한다. 학교생활의 잘못된 부분을 바로잡고, 주관을 가지고 판단하며 행동하는 역량을 길러야 한다. 나아가 자신이 속한 학교의 문제뿐 아니라 지역사회의 문제해결을 위한 관심으로 확대되어야 할 것이다. 학생 자치의 에너지는 궁극적으로 그들이 속한 사회로 나아가야 하고, 학교뿐 아니라 사회의 민주시민으로 성장하는 경험을 해야 한다. 이러한 학생을 길러 내는 것은 민주시민 교육과도 연결된다. 민주주의와 자치를 학교에서 글로만 배우는 것이 아니라 실천할 수 있도록 교육이 이루어져야 한다. 학생들이 민주시민으로서의 권리를 찾아가는 문제, 보편적 가치를 소중히 여기는 것, 어떻게 사회에 참여하여 세상을 바꾸어 가야 할 것인가에 대한 교육이 학교 현장에서 강조되어야 한다. 학생 자치는 학교에서 시민으로서의 권리와 의무를 배워 가는 시민교육의 과정이기 때문이다. 초·중등 교육의 목표는 민주시민의 양성이고, 이를 위한 소양과 자질, 역량을 기르는 것이 학교교육의 존재 이유임을 잊어서는 안 된다.

학교 자치에 대해 함께 성찰하는 질문

◆ 우리 학교 학생들은 어떤 영역에서 주인 역할을 하고 있나요?

◆ 학급, 학교에서 지금 시작할 수 있는 학생 자치활동은 무엇일까요?

2. 학부모가 바라는
   학교 자치

교육 주체가 되지 못하는 학부모

우리나라 공교육에 대한 학부모의 만족도는 그리 높지 않다. 학교교육에 대한 불신의 목소리를 듣는 것도 어렵지 않다. 담임 교사가 누구인지에 따라 학생의 1년 생활이 결정되기 때문에 학급마다 편차가 큰 담임 복불복에 대한 불만도 쌓여 있다. 복잡다단하게 이루어지는 학교·학급·교과 교육활동 속에서 우리 아이에 대한 자세하고 친절한 안내가 부족한 것만 같다. 해마다 교원능력개발평가와 각종 학교 평가를 하고 있지만 변화의 체감은 미미하다.

동시에 학부모는 행여나 내 아이에게 불이익이 있지는 않을까 하여 건강한 방법으로 의견을 내는 것조차 어려워한다. 학교 운영 전반에 대

184

한 의견을 개진함에 있어서도 건전한 협의 구조가 아닌 학교장의 허락을 통해서만 일이 이루어지기 때문에 누가 학교장인가에 따라 수용의 편차가 크다. 학부모는 학교에 대해 하고 싶은 말이 있어도 어떻게 시작해야 할지 어려운데, 주위 학부모의 눈치를 보기도 하고, 표현이 서툴러 의도치 않은 오해를 사기도 한다. 그런 학부모들에게 학교의 벽은 여전히 높고 공고하기만 하다.

다음은 학부모가 교육 주체로 인정받지 못한다고 느끼는 상황에 대해 설문 조사한 내용이다.[17]

- 학부모 상담 주간 공문에는 꼭 필요 시 상담하라는 문구가 있습니다. 여전히 교사와 상담할 수 있는 문턱이 높다고 생각합니다.
- 노골적으로 학부모가 학교 내에 들어오는 걸 불쾌하게 생각하는 경우가 있습니다.
- 학교는 일 년 동안 운영 계획이 결정된 후에는 학부모들의 의견에 따라 변동이나 수정되는 부분이 어려운 것 같습니다.
- 담임 교사의 비합리적이고 비상식적인 규칙에 반 아이들이 불편해하고 불행한 학교생활을 하는 것을 알아도 내 아이에게 피해가 올까 두려워 건의를 못하는 상황이 많아서 이럴 때 인정받지 못함을 느낍니다.

---

17 오재길 외(2016), 학부모 교육 주체화 방안 연구, 경기도교육연구원, p. 147-148

- 운영위원은 모든 학부모들의 의견을 대변하기 어렵습니다. 학부모의 의견을 수렴하는 과정이 공개되어야 합니다.
- 대토론회 개최 시 교사들이 원하는 주제를 일방적으로 제시합니다.
- 학교와 학부모의 정례화된 협의 체계가 없습니다.
- 아이들 교육에 의견을 내면 교권 침해라고 생각하고 아예 반영하려 들지 않습니다.
- 학교에서 학부모에게 많은 정보를 주지 않고 학부모 참여를 형식적으로 독려합니다.
- 학부모는 학급 교육과정 참여 권한이 전혀 없습니다. 학부모가 민원을 제기하면 결정은 학교에서 한다고 주장합니다.
- 학사일정 변경이나 중간에 도입되는 프로그램 일정, 학교 행사를 학부모 임원임에도 불구하고 알려주지 않아 모를 때가 많습니다.
- 학교 행사에 학부모가 인력으로 동원되는 듯한 느낌을 받을 때가 있습니다.

학교의 교육활동에 대한 신뢰도를 떨어뜨리는 원인 중 하나는 학생 교육활동에 학부모의 의견이 제대로 반영되지 않는 구조적 문제가 자리 잡고 있다. 많은 학교가 1년에 1~2회 설문지 형식으로 학부모의 의견을 수렴하고 있다. 하지만 설문 문항에 5점 척도로 점수를 표시하고, 기타 의견을 서술로 쓸 수 있는 정도에 지나지 않아 상당히 형식적인 수준에 머무르고 있다. 그 평가 결과가 환류되어 다음 학교 교육과정에 반영되는 경우도 많지 않다. 연례행사로 치러지는 학교설명회, 학부모 총회에는 일방적인 전달사항만 있을 뿐이다.

　학교는 학교장에게 권한이 집중되어 있어서 다른 교육 주체의 의견이 적극적으로 반영되기 쉽지 않다. 또한 학교교육은 교육의 전문성을 지닌 교원들의 영역이라는 학교 내부 인식도 한몫하고 있다.

학교 자치를 위한 학부모의 중요성

- **교육기본법 제5조, 제13조 제2항**
  부모 등 보호자는 보호하는 자녀 또는 아동의 교육에 관하여 학교에 의견을 제시할 수 있으며, 학교는 그 의견을 존중하여야 한다.

- **초 · 중등교육법 시행령 제59조 제2항**
  학부모 위원은 학부모 중에서 민주적 대의 절차에 따라 학부모 전체 회의에서 직접 선출한다.

학부모는 미성년자인 학생들의 보호자로서 책임 있는 교육 수요자이다. 그들은 자녀 교육을 위한 세금과 교육비를 납부하고 있는 실질적인 이해 당사자이기도 하다. 과거에는 학부모를 부족한 학교 재정을 충당하기 위한 수단으로 바라보기도 하였고, 학교의 궂은일을 도와주는 동원의 대상으로 생각하기도 했다. 자녀가 임원을 맡기라도 하면 학교에 필요한 물품을 지원해야 했고, 각종 행사에 얼굴을 내밀어야 했다. 최근에는 위와 같은 일은 거의 사라지고, 교육기부를 통해 학교 교육활동에 기여하는 건강한 사례가 늘어 가고 있다. 하지만 아직까지도 학부모는 교육의 주체로 자리매김하지 못하고 있는 상황이고, 교육의 주체로서의 역할을 감당해야 된다는 인식도 걸음마 단계이다.

학생 교육의 측면에서 생각해 보면, 학교가 가지고 있는 교육 자원으로는 학생 개개인의 특성에 맞는 충분한 교육을 제공하는 데 한계가 있다. 교육 환경의 복잡 다변화로 인해 교사 혼자서는 학생 교육활동을 책임지기 힘든 구조이다. 더 이상 교사 혼자서 학생들을 위한 모든 것을 감당할 수 없다. 책임 있는 민주시민을 길러 내기 위해서는 다양한 환경에서 역량을 가진 학부모와의 협력이 필요하다.

학부모는 학생의 부모인 동시에 지역사회 구성원이라는 측면에서 역할이 요구된다. 학교는 지금까지 지역사회 안의 고립된 섬으로 존재해 왔다. 하지만 이제 시대의 흐름은 학교는 마을을 활용하고, 마을에서 배우고, 마을에 기여하는 교육활동을 펼쳐 가야만 한다. 학부모는 학교가 속해 있는 지역사회의 교육 현안, 교육정책에 대해 목소리를 높일 수 있다. 학교는 그런 학부모와 함께 지역사회로 교육활동을 확장해 가는 교두보를 마련할 수도 있다.

학교에서 일어나는 일, 학교를 둘러싼 여러 환경들은 상당히 복잡한 경우가 많다. 학교 · 학부모 · 지역사회 간의 의견을 조율하고 협력하며 갈등을 조절해야 하는 일들이 자주 발생하기 때문이다. 따라서 학교의 의사결정 과정에 학부모를 비롯한 다양한 이해 당사자가 참여하여 통합적인 관점으로 문제에 접근하는 것이 중요하다.

위와 같은 상황에서 교육 주체로서의 학부모의 역할이 증대되고 있고, 학부모의 목소리를 교육활동에 반영해야 하는 당위성이 부여된다.

학부모 교육과 참여의 한계

학생·교사·학부모를 흔히 교육 3주체라고 이야기한다. 학부모를 교육의 동반자라고 표현하지만 실제 현장에서는 동반자가 아닌 객체로 인식하는 경우가 많고, 학교는 학부모의 여러 활동에 대해 고마움과 동시에 부담감을 느끼고 있다. 교사 업무분장 중 학부모와 대면의 자리가 많은 학부모회 담당 업무는 대체로 비선호하는 경향이 있고, 이른바 학부모에게 휘둘리면 안 된다는 인식에 고경력자가 해당 업무를 맡아야 한다는 분위기도 자리 잡고 있다. 교사와 학부모의 관계는 '너무 멀어도 안 되고, 너무 가까워도 안 된다'는 일종의 경계의식은 공공연한 비밀이다. 학교는 학부모의 도움이 필요한 경우에만 제한적으로 학부모와의 연결고리를 가지고 있다. 교통봉사, 학교도서관 관리·운영, 교육청 주관 학부모 연수, 학부모 위원이 의무적으로 참여해야 하는 각종 위원회(수련활동 수학여행 활성화위원회, 학교폭력대책자치위원회, 급식 모니터링, 자유학년제 체험활동 안전지원단, 교원능력개발평가 지원단, 교복선정위원회 모니터

링단) 등이 대표적이다. 상당수 이러한 활동들은 학부모를 대상화·수단화하게 된다.

또한 소수의 학부모가 주도하는 학부모회, 학교운영위원회는 전체 학부모의 참여를 이끌어 내기 어렵고, 학부모회는 일부 적극적인 학부모들이 참여하는 그들만의 리그가 되어 버리는 경우가 많다. 학교운영위원회 학부모 위원 선정은 연례행사로 치러지며, 사전 조율을 통한 무투표 당선 사례가 많고, 학교에서도 번거로운 절차를 줄이고자 무투표 당선 과정을 유도하는 경향이 있다. 이처럼 학부모가 학교 내에서 어떻게 교육 주체로 바르게 서야 하는지에 대해서 학교는 관심이 적고, 교내에서 부담스러운 주제이다.

교육청의 학부모 교육도 자치와 참여의 측면보다는 학부모 지원사업에 따라 교양강좌를 개설하고 교육 참여를 독려하는 수준에 머무르고 있다. 학부모 교육을 지원한다는 명목 아래 실시되는 많은 프로그램들은 자녀 교육, 교양을 위한 전달식 프로그램 위주로 그 참여도와 만족도가 높지 않다. 추진 정책이나 각종 사업 홍보를 위한 일방 전달식 학부모 교육이 주를 이룰 뿐이다. 학부모 교육을 실시함에 있어 학부모가 진정 무엇을 원하는지에 대한 사전 준비, 수요 조사도 미흡하다.

다행스럽게도 최근에는 단순 교양 교육을 넘어서 전문 교육을 통해 학부모 역량을 강화하고, 배움의 결과를 바탕으로 학생과 지역사회의 교육을 지원하는 사례들이 소개되고 있지만, 여전히 일부 우수사례에 국한되고 있다. 심지어 교육청은 학부모 교육에 대한 부담을 학교에 전가하고 있다. 매년 학교 폭력 예방교육, 인성교육 실시 계획, 선행학습 금지법, 교육감 강조사항 등 주요 정책 사안과 각종 현안 사업을 학부모 총회 때 의무로 교육해야 한다는 지침을 학교로 내려보낸다. 학교는 이런 것에 대한 전달을 실행하다 보면 정해진 시간 안에서 내실 있게 학부모와 소통하는 것이 쉽지 않다.

학교 구성원이 바라보는 학부모 자치

앞서 소개한 토론회에서 학교 구성원이 바라는 학부모 자치에 대해 교사·연구자·교육전문직이 논의한 결과는 다음과 같다.[18]

---

18 서영선, 학교 구성원이 바라는 학교 자치와 교육청의 지원(2018. 7. 25.), 현장 리포트

학교 교육활동, 평가, 학부모회, 봉사활동 등 학부모 참여 확대 영역, 학부모 전문성 신장 프로그램, 학부모회 예산 및 공간 지원, 학부모에 대한 동반자 의식, 학부모의 바른 역할 등이 언급되었다. 위 내용을 바탕으로 구체적인 지원 방안들을 살펴보고자 한다.

학교와 교육청의 지원

학부모 그룹 안에서도 처한 상황이 다양하다. 비교적 시간적 여유가 있고 학교 교육활동에 참여하고 싶은 그룹, 직장 등의 문제로 자신의 의사와 관계없이 참여가 어려운 그룹, 학교에 교육활동을 일임하고 직접 참여를 원치 않는 그룹 등이 있을 수 있다. 이에 대해 학교는 의무적인 참여와 자발적인 참여, 직접적 참여와 간접적 참여, 혹은 그 중간 단계 등 참여를 둘러싼 학부모의 환경을 면밀히 파악해야 한다. 그래서 학부모의 개별 상황에 맞는 학부모 자치활동, 참여 보장 및 의견 수렴 방안 등을 마련하여 진행해야 한다.

또한 학교 행사 중심 참여의 영역을 교육과정 운영과 어떻게 연계·확대할 수 있을지도 고민해야 한다. 더불어 학부모의 참여 수준이 시혜적인 수준에 머무르는 것이 아니라 학부모의 자치 역량을 기르는 데 초점을 맞추어야 한다. 학교 교육활동에 대한 이해를 바탕으로 자녀 교육의 역량을 강화하고, 학부모의 자기계발을 넘어서 학교 참여를 통한 학생 교육활동에의 기여 방안을 고민할 필요가 있다. 학교는 교육청 등 외부에서 요청하는 학부모 교육을 자율적으로 참석하도록 안내하고, 강제성을 지니지 않도록 해야 할 것이다. 출장 형식으로 참석하는 학부모에 대한 출장비, 교통비 지급 등은 꼭 필요한 절차로 학교 운영에 반영해야 한다.

단위 학교와 교육청의 노력도 계속되고 있다. 학교설명회나 학부모 상담을 저녁 시간이나 주말에 실시하여 직장에 다니는 학부모도 참여할 수 있도록 배려하고, 혁신학교를 중심으로 학부모 네트워크를 구성하여 지원하기도 한다. 최근에는 학부모 자치 공간을 마련하는 곳이 늘고 있는데, 교내에서 접근이 용이한 곳으로 학부모 자치 공간을 마련하여 사무용품, 차류, 집기류 등을 구비하여 기본적인 회의나 모임이 가능하도록 구성하고 있다. 학부모회가 직접 활용할 수 있는 실질적 예산을 편성하고, 교육활동 평가회 및 교사와의 소통의 시간을 정기적으로 운영하여 학부모와 교사가 대면하고 그 의견을 학교교육에 반영하며 내실 있는 운영을 하고 있는 학교도 늘어나고 있다. 학생·학부모·교직원이 함께하는 교육과정 위원회를 구성하기도 하고, 학교운영위원회와 학부모회 구성원이 연결됨으로써 불필요한 갈등을 줄인 사례도 있다. 일부 앞서가는 학교 중심의 이런 시도들이 더욱 확산되어져야 할 것이다.

교사들과 학부모가 둘러앉아 학급, 학년 교육과정에 대해 논의하고 있다.

　학교에서 학부모의 교육활동 참여가 보장되고, 자신의 의견이 학교 교육과정에 반영될 수 있도록 법과 제도적인 장치도 보완되어야 한다. 맞벌이 및 한부모 가정의 부모는 주로 낮 시간에 이루어지는 학교 활동에 참여하기가 어렵다. 그래서 학부모의 학교 참여 유급휴가제(1년 중 며칠을 학부모의 교육 참여 활동에 대해 휴가를 인정해 주는 제도)가 공공과 민간에서도 실질적으로 확보되어야 한다.

　학부모의 권리가 무엇인가에 대한 구체적인 제도 마련도 요구된다. 학부모는 자신의 권리를 찾고 싶어 하지만, 권리가 정확히 무엇인지, 어떻게 권리를 행사해야 하는지 안내받은 적이 없다. 비교육적인 악성 민원을 경험한 학교는 학부모를 상대할 때 위축되고, 학부모를 관리의 측면에서 바라볼 수밖에 없게 된다. 학부모의 정당한 권리와 교육 전문가인 교원의 교육활동에 대한 불공정하고 부당한 간섭은 엄연히 구분되어야 한다. 이 부분에서 학부모와 교원 간 긴장과 갈등이 유발되기 때문이다. 이 간극을 좁히기 위해 학교 현장의 다양한 사례들을 연구하고, 학부모 및 교원의 입장에서 풀어 갈 수 있는 대안들을 마련해야 한다. 교사의 교육권, 학부모의 권리가 각각 오남용되지 않고 오히려 건강하게 보장되도록 구체적인 사항들을 명확하게 안내해야 할 것이며, 이는 실용적으로 접근해야만 한다.

참여는 그 성격상 의사결정권과 밀접한 관계가 있다. 아무리 오랜 기간의 참여가 이루어진다고 해도 그 참여의 결과물이 학교 의사결정으로 연결되지 않을 때 참여의 의미는 퇴색되며, 동력 또한 떨어지게 된다. 이러한 측면에서 민주적인 학교 운영을 위한 학교장의 리더십이 굉장히 중요하다. 현행 제도 아래에서는 학교장 개인이 민주적인 학교 운영을 하겠다고 결심해야만 이런 일들이 가능한 구조이다. 민주적인 학교 운영이 이루어져야만 자치와 분권의 가치가 주목받을 수 있기 때문에 이를 제도적으로 보완할 필요가 있다. 민주적인 학교 운영 측면에서 15년 이상의 교육 경력을 가진 평교사도 교장으로 지원할 수 있는 내부형 교장공모제에 대한 효과와 만족도는 이미 다양한 경로로 검증되어 왔다. 이 제도의 실질적인 활용을 위해서는 각 학교의 학교운영위원, 특히 학부모의 관심이 요구되고 있다.

또한 학부모 자치의 주체는 어머니들만 해당되는 것이 아니다. 자녀 교육의 중요한 역할을 하는 아버지들의 움직임이 중요하다. 이를 위해 아버지들이 주도적으로 참여하고 기여하는 사례들이 발굴·공유되어야 할 것이다.

당당한 주체로 서기 위한 학부모의 책임

교육의 주체로서 당당하게 참여하는 학부모의 역할을 감당하기 위해서는 학부모의 합당한 책임도 요구된다.

한 학교에서 있었던 일이다. 아파트 단지 안에 있는 한 학교는 여러 타 단지의 학생들이 함께 다니고 있었다. 단지별로 아파트 브랜드도 약간의 차이가 있었다. 그런데 단지별 학부모 온라인 커뮤니티에서 우리 아이가 옆 단지 아이와 수준이 맞지 않는다는 이유로 학부모 사이는 물론 학생들 사이에서도 관계를 소원하게 해야 한다는 요지의 사건들이 공공연하게 일어나고 있었다. 뉴스에서 자주 보도되는 분양 아파트와 임대 아파트의 문제는 이제 익숙한 현실이 되었고, 같은 유형의 아파트 사이에서도 스스로 벽을 만들고, 왜곡된 차별과 능력주의로 편 가르기를 하는 집단이기주의의 모습을 보인 것이다. 학교교육을 위한 학부모 모임도 단지별로 따로 하면서 그들만의 비뚤어진 세상에 갇혀 있었다.

일부 학부모의 생각일 수 있지만, 이런 의견에 암묵적으로 동조하고 비판하지 못하는 다수의 사람들이 있다는 것, 그들의 인식 속에 자리 잡고 있는 돈과 물질에 대한 허상이 존재하는 한, 학교의 모든 아이들을 공동체로 바라보며 당당한 교육 주체로서 학부모가 만들어 갈 학교 자치는 요원한 일처럼 보인다.

학부모는 내 아이의 학부모라는 시야를 탈피하여 학교 전체의 학생을 우리 아이들로 생각하는 공동체적인 시각을 가져야 한다. 물론 이 공동체성이 소외계층 학생에 대한 개별적인 요구를 묵살하거나 전체를 위한 개인의 희생을 의미하는 것은 아니다. 내 아이만 잘되면 된다는 시선에 대한 우려에서 출발한 것임을 잊지 말아야 한다. 학교 자치를 이루어가는 학부모의 주체적인 역할에서 학부모의 개인 및 집단이기주의는 가장 경계해야 할 것 중 하나이다.

우리나라 사람의 대다수는 '학교'라는 공간을 최소 10년 이상 거치며 살아 왔다. 학생·학부모·교사 등 역할은 다르지만, 누구나 학교라는 공간에 몸담아 왔다. 따라서 성장 과정을 학교에서 보낸 학부모들은 학교를 잘 알고 있다고 착각할 수 있으며, 자신이 경험한 학교의 한 부분, 심지어 학창 시절 일부의 경험을 학교 전체의 모습으로 오해할 수도 있다. 이러한 오해는 종합적이고 객관적인 판단을 어렵게 하여 학교 운영에 어려움을 가져오기도 한다.

김혁동(2018)은 현재 우리나라 학부모들은 농경사회·산업화·정보화라는 3가지가 혼재된 시기를 살아 왔고, 산업화와 민주화를 동시에 겪었으며, 권위주의와 민주주의가 혼재된 사회·문화적 환경에서 유년기와 청년기를 보냈다고 말한다. 따라서 대다수의 학부모는 학교교육을 경쟁의 필요악, 성적 중심의 교육 결과 중시, 공동체의 삶보다는 자신의 삶을 배우는 곳으로의 학교로 인식한다고 말한다.

교육 주체로서 학부모는 현재의 학교와 교육 패러다임에 대해 알아갈 필요가 있다. 이 시대의 학교교육은 무엇을 지향하는지, 우리 교육은 어떻게 나아가고 있는지, 특히 학교와 학교를 둘러싼 규정이나 정책에 대해서도 알아야 한다. 민주주의란 법과 제도, 절차 등을 기반으로 의견이 수렴되고 결정이 이루어지는 구조다. 스스로 무언가를 결정하는 자치의 역할을 감당하기 위해서는 좁은 시야로 바라보거나 감정적인 대응을 할 것이 아니라 학교가 처한 환경과 상황을 바르게 이해하는 능력을 길러야 한다. 학교의 의사결정 구조, 업무 처리 방식에 대한 학부모 교육이 이루어져야 함은 물론이다.

학교교육에 대해 궁금할 때는 좀 더 여유로운 시선으로 학교를 바라보고 부드럽게 다가갈 필요도 있다. 일부 학부모의 감정적인 대응은 상황을 악화시키고, 교육활동을 펼치는 교원의 사기를 떨어뜨려 오히려 학생들에게 좋지 않은 영향을 미치기도 한다.

학부모는 학교에서 이루어지는 학교설명회, 학부모 회의, 각종 모임과 행사 등에 단순히 참여하고 누리는 존재가 아니라 교육주체로서 그 행사들을 교직원과 함께 준비하고, 만들어 가고, 경우에 따라 청소와 뒷

정리 등 궂은일을 함께하는 자세로 교직원들과 같은 위치에서 동행하려는 마음도 필요하다. 학부모회가 주도하여 진행하는 신입생 학부모 설명회나 여러 교육 행사들도 생각해 볼 수 있다. 자발적인 학습 모임을 구성하여 자녀 교육에 대해 고민하고 교육과정과의 접점을 모색하는 경우도 있다. 학부모가 학교에 참여하고, 기여하며 교육 주체로서 함께 걸어가는 다양한 역할을 기대하고 상상해 보아야 한다.

어느 봄날, 학부모 몇 분이 교실을 찾아오셨다. 학부모 몇 분이 매일 아침 활동 시간에 학급의 아이들에게 책을 읽어 주고 싶다는 것이었다. 주 1회, 월 1회 이벤트 형식으로 이루어지는 경우는 보았지만, 매일 그런 일을 하는 경우는 보지 못해서 그 이유를 물어보았다. 어머님들은 얼마 전부터 학급의 학부모 몇 명이 독서 교육과 관련된 학습을 하다가 어린아이들에게 책을 읽어 주는 일의 효과를 발견하고 중요성을 깨달았다고 한다. 그런데 내 아이만 집에서 책을 읽어 주는 것보다 우리 학급 전체 아이들에게 읽어 주면서 학급 아이들이 함께 성장하면 좋겠다는 생각이 들었다고 한다. 이를 위해 정기적으로 공부를 하고, 책을 선정하고, 온라인 커뮤니티를 통해 정보도 교환하겠다는 것이다. 교사로서 매일 아침 교실을 공개한다는 것이 한편 부담도 되었지만, 어머님들이 아무 대가 없이 자발적으로 활동하시는 점, 학급의 학생들을 내 아이를 넘어서 우리 아이들로 생각하고 있다는 점, 이를 위해 자발적으로 공부하고 계시다는 점을 높게 생각하여 흔쾌히 허락하였다.

그리고 공부에 필요한 도서, 모임 장소, 간식 등을 학교와 협의해 제공해 드렸다.

이제 우리 학급의 아이들은 매일 아침 다함께 양질의 책을 읽고, 관련된 이야기를 나누고, 수업과 연계하여 활동을 하는 책 읽기의 매력에 빠져 있다. 교육과정과도 연계하여 국어 교과서에 나오는 분절적인 이야기들을 한 권의 책을 통해 충분히 이해하고 수업을 하니 수업의 질도 높아졌다.

— ○○초등학교 2학년 담임 교사

학부모는 학교가 모든 학생을 중심으로 운영되고 있는지 살펴보는 건강한 감시자, 비판자가 되어야 한다. 서두에서 언급하였던 것처럼 학교의 구조는 학교장에게 그 권력이 집중되어 있다. 말단 교육행정기관의 특성상 상급 기관의 요구사항을 맞추느라 비교육적인 일에 에너지를 쏟는 경우도 허다하다.

또 한 가지 중요한 부분은 학교 예산이다. 학교 예산은 주로 행정실장, 학교장이 다루지만 돈을 다루는 일을 남의 일로 생각하지 말고 적극적인 관심을 기울여야 할 것이다. 우리 학교의 예산이 정말 학생들을 위해 쓰이고 있는지, 불필요한 곳에 쓰이는 곳은 없는지 살펴보아야 한다. 학교도 예산을 구성하는 어려운 용어 대신 누구나 이해할 수 있는 쉬운 언어로 학부모들에게 설명해야 한다. 학교운영위원회에 보고하는 형식적인 절차 대신 전체 학부모가 예산 편성 과정에 참여할 수 있는 통로를 마련해야 할 것이다.

학교 구성원이 학부모를 존중해 주고, 교육 주체로 바라봐 주길 원하는 것처럼 학부모도 학교장과 교사, 학교의 다양한 직원들을 대할 때 동등한 파트너로 대해야 한다. 학교장을 대할 때와 교사를 대할 때, 직원을 대할 때 다른 태도를 보이며 불편함을 주는 모습은 보는 이의 눈살을 찌푸리게 한다.

학교 교직원을 동반자로 생각한다면 그들이 학교에서 겪고 있는 애로사항, 교사들의 교육에 대한 고민, 학교 내에 어떤 묵은 관행들이 교사들을 소극적이고 방어적으로 만들었는지에도 관심을 가져야 한다. 그들의 학교 안에서의 삶이 바로 학생들의 교육활동과 직·간접적으로 연결되기 때문이다. 필요하다면 외부에 이런 목소리를 알려서 교육활동을 담당하고 지원하는 교직원에 대한 정책적 환경 개선 요구까지도 할 수 있어야 한다.

그리고 학교 내에 민주주의가 이루어지길 바라는 것처럼 학부모 단체와 학부모 모임의 조직과 운영이 민주적으로 이루어지고 있는지도 돌아봐야 한다. 학부모회 임원을 구성할 때 자녀가 임원인 경우, 연장자인 경우, 고학년 학부모인 경우를 우대하는 것이 아니라, 건전한 토론을 바탕으로 투표를 통한 공정한 선출 과정을 거칠 필요가 있다. 학부모 조직은 연령대가 다양하기 때문에 나이 순으로 서열이 정해지고 의사결정이 이루어지는 경우가 많은데, 이 부분이 합당한지 고민해 보아야 한다. 주변 분위기에 편승하여 만장일치를 이루는 것, 단순한 다수결에 의한 투표를 넘어서서 적극적인 의견 개진과 숙의를 통한 민주적인 운영도 필요하다.

학부모회 운영에 있어서도 전체 학부모 대상 설문 및 의견 수렴을 통해 모든 학부모의 의견을 청취하여 일부 적극적인 참여자뿐만 아니라 어떻게 하면 전체 학부모의 의견을 잘 대변할 수 있을지 고민해야 한다.

학부모 모임에서 자기 자식 자랑하기, 편 가르고 뒷담화하기, 대안 없는 감정적인 비난하기, 학부모 사이의 감정 싸움으로 학교에 폐를 끼치는 사례 등은 학교가 학부모를 어렵게 생각하는 이유 중 하나임을 기억하고 건강한 학부모 모임을 만들어 가야 한다.

신뢰의 학교문화를 만들어야

이제 학교는 학부모를 교육해야 할 대상, 어쩔 수 없이 함께 가야 할 대상으로만 생각하는 것이 아니라 민주적인 학교를 위한 진정한 동반자로서 함께 걸어가야 한다. 학부모의 직·간접적 학교 참여로 이루어지는 학교 민주주의를 통해 모두가 행복한 학교문화를 만들어야 한다.

먼저 학교와 학부모는 서로를 존중하고 배려하는 가운데 학교 자치를 위한 상호 신뢰를 형성해야 한다. 자율성을 높이는 각종 제도의 마련도 중요하지만, 그 제도가 활용될 수 있는 학교문화를 만드는 것이 우선되어야 한다. 어떤 모임이든 서로에게 헌신하려는 마음과 자세가 없으면 자기 권리만 찾는 이기적인 모습을 보이게 마련이다. 서로 다른 목소리를 내면서도 의견 차이가 존중되고, 투명하게 소통하는 과정을 통해 서로를 격려하고 서로에게 감사하는 밑바탕이 이루어져야 한다.

교육 주체 간 신뢰의 문화가 없다면 일정한 매뉴얼에 따라 기계적으로 학교 자치의 역할들이 이루어진다고 해도 그 안에 학부모와 교사, 학생과 교사, 학교와 지역사회 등 교육 주체 간 불필요한 갈등, 반감, 비난과 불신 등은 여전히 사라지지 않을 것이다.

스승의 날 아침, 학부모회에서 자발적으로 기획한 소소한 이벤트로 신뢰를 쌓아 가고 있다.

보다 열린 마음으로 시대의 변화를 맞이해야

교사의 존재는 학생이 있기 때문에 가능하다. 그리고 학부모는 학생의 보호자, 교육 수요자, 이해 당사자이다. 학생과 학부모의 뜻이 반영되지 않는 일방통행식 교육활동은 그 질과 만족도를 담보할 수 없다.

이제는 학생의 자치, 학부모의 학교 참여에 대한 인식이 바뀌어야 한다. 학교와 교사는 학생·학부모와 함께 대화하고, 토론할 수 있는 마음의 문을 열어야 한다. 교사는 지금까지 학급·교과·학년을 운영하면서 모든 것을 혼자서 결정해 왔던 짐을 내려놓아야 한다. 교사 고유의 교육권을 침해하는 부당한 간섭과 요구에는 단호하게 대응해야 하지만, 넓은 시야에서 학생의 교육활동을 위한 것이라면 학부모를 비롯해 여러 외부의 목소리에 귀 기울이고, 그들과 손을 잡아야 한다. 고립되고 외로운 섬을 벗어나 협력해야 한다.

민주적인 학교 운영의 틀 안에서 교사 간 다양한 학습공동체 활동으로 동료성을 구축하고, 교육과정 운영에 대한 전문성·자율성·실천력을 기름과 동시에 학생·학부모와 협력하는 열린 자세로 나아가야 한다.

일부 교원의 비행이 전체 교원의 모습이 아닌 것처럼 일부 학생의 극단적인 사례, 일부 학부모의 비교육적인 악성 민원의 사례로 전체 학생과 학부모를 판단해서는 안 될 것이다.

학생 인권과 교권, 학부모의 권리는 결코 상충되거나 배치되는 개념이 아니다. 학생·교사·학부모 모두가 교육의 주체이자 학교의 공동 주인으로서 학교 교육활동에 참여하고, 그 권리와 책임을 맘껏 누릴 수 있길 기대해 본다.

학교 자치에 대해 함께 성찰하는 질문

◆ 교사와 학부모가 서로 소통하고 협력하였던 경험이 있나요?
◆ 교사로서 학부모를 대할 때, 학부모로서 교사를 대할 때 어려운 점은 무엇인가요?
◆ 교육 주체로 서는 학부모에 대한 서로의 생각을 나누어 봅시다.

3. 시민사회가 바라는
   학교 자치

학교의 두 얼굴

학교는 지역 생태계의 일원으로 존재하며, 교육공동체의 속성을 지닌다. 지역사회 없이 학교는 존재하기 어렵기 때문이다. 그러나 교사 스스로가 국가직의 속성을 지니고 있고, 주로 중앙집권 단위에서 이루어지는 정책에 대응하면서 살기 때문에 학교가 지역사회와 함께 공존해야 한다는 생각을 별로 하지 않을 가능성이 크다. 엄밀히 말해서 학교가 지역사회에 섞이지 않아도 생존은 가능한 시스템으로 볼 수 있다.

학교는 공식적 조직의 속성과 공동체의 속성을 함께 지니고 있다(Sergiovanni, 2004). 두 속성을 함께 지닐 수밖에 없지만 교육의 속성, 주체들의 상호작용과 관계성을 통한 성장을 생각해 본다면 학교가 공동체로서의 모습을 보다 많이 복원해야 한다. 학교 자치를 생각할 때 우리는 2가지를 모색하지 않을 수 없다.

지역사회와 어떻게 협력하고 소통할 것인가?
기존의 행정적·관료적 통제 방식이 아닌 학교공동체 스스로 주어진 제 문제를 해결할 수 있는 시스템과 역량이 있는 것인가?

시민사회 단체 관계자들이 학교와 교사를 보는 시선

지역에서 나름의 기능을 수행하며 학교는 존재하는데, 오랫동안 지역에서 학교와 호흡을 함께했던 시민사회 단체 관계자들을 통해서 그들이 생각하는 학교의 모습에 대해서 이야기를 들어 봤다. 시민사회 단체 관계자들은 교사들이 교육청과 교육부에 대해 가진 갑갑함만큼이나 학교와 교사에 대해서 갑갑함을 토로하였다.

A시민사회 단체의 대표는 학교를 '갑'으로 표현한다. 교사들이 교원자격증을 기준으로 교육 전문성을 강조하면서 상대적으로 다른 집단을 무시하는 모습을 보인다는 것이다. 학교는 교사 자격증과 전문성을 기준으로 조직과 단체를 판단하는데, 일단 시민사회 단체를 협력의 파트너로 인정을 하지 않으려는 경향이 있다. 동시에 그는 교사 집단의 폐쇄

성을 우려한다. 교사들끼리만 공유하고 나누고 학습하는 과정이 일반
국민과의 정서적 괴리를 오히려 심화시키고 있다고 보는데, 이러한 현
상은 현직 교원뿐만 아니라 예비 교원들에게도 나타난다. 사회의 흐름
이 어떠한지, 대다수 학부모들이 학교를 어떻게 바라보는지 교류하지
않기 때문에 그들만의 방어 논리를 내세우는데, 이 과정에서 고립을 더
욱 심화시킨다는 것이다.

동시에 교사들은 학급당 인원수가 줄어야 좋은 교육을 한다고 말하지
만, A시민사회 단체 대표는 농촌을 돌아다녀 보니 학급당 인원수가 매
우 적은 학교와 학급에서도 수업이 무너져 있는 장면을 많이 보았다고
말한다. 학교장의 철학과 관점에 의해서 학교가 좌지우지되는 모습을
보면서 프로그램이 중단되는 등 상처를 입기도 했다. 그에게는 학교가
시민사회 단체에 '갑질'하는 모습으로 비추어졌을 것이다. 물론 이 과정
은 교사들의 판단이 아니고 학교장의 독단적 판단에 기인한 측면이 있
다. 그런데 학교장의 독단적 판단을 제어할 수 있는 단위 학교의 힘이
없다는 점에 대해서 그는 안타까워했다. 그는 학교 내지는 교사 집단이
지역사회의 생태계에서 열린 존재로 자리매김하지 못하고 닫힌 존재로
고립되어 가는 모습을 안타까워했다.

학교는 항상 갑의 위치에 있다. 전문성에 대해서 갑에 있다고 판단한
다. 우리가 멘토링 프로그램을 가지고 학교에 들어가려고 하면 대학생
들이 무슨 전문성이 있냐며 일단 무시한다. 그러면서도 "우리 아이들

이 무기력해요. 수업 시간에 엎드려 있기만 해요."라며 한편에서는 도움을 요청한다. 아이들이 성장하는 데 교과 전문성만 필요한 것은 아니다. 또 다른 전문성이 필요한데 그 부분을 인정하지 않는다.

학교는 교육청과 교육부를 '갑'이라고 보지만, 시민사회 단체에서 볼 때는 학교가 '갑'이다. 때로는 사업을 하면서 학교가 '갑질'을 할 때가 있다. 우리가 돈을 주는데 왜 이렇게밖에 못 하느냐는 식이다.

나는 교사들의 학습공동체가 가져온 의미 있는 변화를 인정하지만, 교사들끼리만 모여서 토론하고 소통하고 학습하는 방식이 때로는 폐쇄성을 강화하는 것은 아닌가 우려될 때가 있다. 교사의 전문성을 강조하면서 외부 단체와 협업하고 교류하지 않는다. 멘토링 사업을 하면서 교대나 사범대생들과 함께 일을 하는데, 예비 교사들이 비교대나 비사범대 학생들과 어울리지 못하는 모습을 종종 본다. 예비 교사들의 엘리트 의식을 보기도 하고, 전문성에서 뭔가 우월하다고 생각하는 경향이 있는데, 멘토링과 티칭은 다르다. 나는 이제 사범대나 교대는 없어져야 한다고 생각한다. 폐쇄성만 공고히 하는 이 시스템을 심각하게 고민해야 한다.

현장 교사들은 학급당 인원수를 줄여야 한다고 입버릇처럼 말하지만, 시골 학교를 가 봤는데 학생이 3명인데도 아이들이 자고 있었다. 학급당 인원수가 적으면 교육 문제가 다 해결되는 것도 아니다. 오히려 학생 수가 지나치게 적으면 무기력해진다. 교사와 학생들의 에너지가 왔다 갔다 해야 하는데, 그런 상호작용이 약화되면서 무기력해지는 수업을 많이 봤다.

모 중학교는 유명한 혁신학교인데, 학교장이 바뀌더니 갑자기 시민사회 단체와 협력 사업을 중단시켰다. "우리는 외부 단체와 일하지 않는다. 내 교직생활에 외부 단체와 일한 적이 없다." 이분을 설득하기 위해 7시간을 운전해서 찾아갔지만, 아예 만나 주지 않아서 그냥 돌아와야 했던 기억이 있다.

물론 여전히 좋은 교사들이 많다. 그러나 학교 밖에 있는 사람들이 세상을 어떻게 바꾸고 있고, 어떻게 치열하게 살아가는지 모른 채 자기들만의 성을 쌓고 있는 것은 아닌지 걱정이 된다. 지금 40대 후반에서 50대 초반의 분들은 학교 안에서 민주주의를 경험해 본 적이 없다. 어떤 리더가 될 것인가에 대한 새로운 상도 없다. 교사 리더십을 구축할 수 있는 새로운 프로그램이 필요하다. 그것을 위해서 학교 밖 사람들과 만날 필요가 있다.

— A시민사회 단체 대표

A시민사회 단체 대표의 이야기는 우리에게 많은 것을 시사한다. 학교장 한 명에 의해서 프로그램이 좌지우지되는 상황을 극복하는 방법은 사실 학교 자치밖에 없다. 공동체적인 논의가 충분했다면, 학교장이 민주주의 마인드를 가졌다면 시민사회 단체에 상처를 주지는 않았을 것이다.

교육은 교사만 감당할 수 있다는 관점을 바꾸어야 한다. 아이들의 요구는 매우 다양해지는데 학교의 힘만으로는 감당하기 어렵다는 점을 인정하고, 학교를 플랫폼과 네트워크, 지역공동체로 인식하고, 학생들에게 도움을 줄 수 있는 사람과 기관을 발굴하고 활용하는 것도 학교에 필요한 전문성이라는 점을 인식해야 한다. 그는 교사 집단의 폐쇄성에 대해서 다소 우려했다. 이러한 문제를 극복하기 위해서는 폐쇄적 학습공동체에서 벗어나서 다양한 집단과 교류하고, 다른 분야에서 살아가는 사람들의 이야기를 들어야 한다. 동시에 지역사회와 시민사회의 일원으로서 적극 참여하여 신뢰를 쌓아 가는 교사 모델이 많아져야 한다.

B시민사회 단체 대표는 교사들이 지역사회의 일원으로 살아가지 않고 있음을 지적한다. 동시에 학교는 단절되어 있고, 소통이 되지 않는다고 보았다. B시민사회 단체 대표는 사실 학교보다는 교육지원청에 대한 불만이 훨씬 많았다. 지방자치단체의 변화 속도에 비해 교육지원청은 답답할 정도로 변화에 둔감하다고 했다. 학교 현장에서 아이들을 만나면서 힘들어 할 교사들의 모습을 잘 알기 때문에 굳이 교사들을 비판하고 싶지는 않다고 말한다.

그럼에도 불구하고 B시민사회 단체 대표는 교사들의 온정주의를 비판한다. 학교 내부에 많은 문제가 있음에도 불구하고 교사들 스스로 이를 바꾸기 위해서 노력하지 않는 모습을 안타까워했다. B시민사회 단체 대표는 학교 안에 잘못된 부분이 있다면 숨지 말고 정면에 나서서 문제를 제기하고, 이를 바꾸어야 한다고 주장한다. 교사들과 학부모의 주체성

강화가 중요하다고 말한다.

시민사회 단체에서 보기에 학교는 단절되어 있고, 소통이 안 된다. 실제로 학교에 가서 교장·교감·교사들을 만나면 지역 주민들이나 시민사회와 소통하거나 만남의 장을 이어 가는 분들이 별로 없다. 한마디로 지역사회의 일원으로 살아가지 않는다. 시민사회 단체에서 학교를 두드려 보지만 때로 교사들은 시민사회 단체를 무시하고 폄하한다.

교육청의 요청으로 가끔씩 학교를 방문할 때가 있다. 이런저런 평가위원으로 활동을 하는데, 함께 평가를 하는 교장·교감 선생님들은 온정주의가 작동한다. 지금 현장에는 역량과 전문성 없는 분들이 어떤 자리를 차지하고 있는데, 교장과 교감은 서로 아는 사이이기 때문에 봐준다. 교육청도 예외가 아니다. 여기에 형식주의 문화도 작동하고 있다. 이런 상태에서는 평가나 진단이 별 의미가 없다.

교육지원청은 정말 불친절하다. 지방자치단체는 점점 변화하고 있음이 느껴지는데, 교육지원청은 전혀 그렇지 않다. 이러니 일반 자치에 비해 교육 자치가 시대에 뒤떨어지는 것은 아닐까 생각한다. 소통과 참여가 아니면 관료주의 문제는 해결되지 않는다.

나는 시민사회 단체를 운영하면서 냉철하게 성찰하고 실천하기 위해서 노력한다. 시민사회 단체는 선출된 것도 아니고, 시험을 보고 합격해서 된 집단도 아니다. 우리가 교육청과 학교를 비판하는 만큼 스스로 학습해야 하고, 우리도 검증받아야 한다. 그래서 더욱 열심히 공부하고 노력한다.

나는 선생님들이 더욱 솔직해졌으면 좋겠다. 설사 아픈 이야기라도 인정해야 한다. 그 누구보다 교사는 불의에 눈을 감아서는 안 된다. 그런데 아쉽게도 교사 집단은 온정주의라는 이름 아래 불의를 못 본 척한다. 한번은 학교 안에 잘못된 부분이 있었다. 선생님들 또한 문제를 인정했다. 그래서 학교로 감사가 들어갔는데, 정작 교사들은 입을 닫았다. 뒤에 숨어서 온라인상에는 글을 올리지만 막상 행동은 하지 않는다. 문제에 직면하지 않는다. 이해는 하지만 더 이상 뒤에서 이야기하지 말고 학교라는 무대에서 당당히 이야기하자.

— B시민사회 단체 대표

B시민사회 단체 대표는 교사들이 문제가 있으면 학교 시스템을 통해 전면적으로 해결해야 하는데, 그저 뒤에서 불만만 토로하고 더 이상 전진시키지는 않는다고 안타까워했다. 때로는 상처를 받아도 학교 내부에 문제가 있으면 이를 공식적 공간에서 해결하려는 모습이 필요하고, 그러한 경험을 축적해야 한다는 것이다. 그는 잘못된 문제를 해결할 수 있는 용기와 의지 그리고 시스템과 문화가 필요하다고 말한다. 학교 자치는 용기에서 시작된다.

C시민사회 단체 상근자는 학교에 대한 몇 가지 아쉬움을 토로한다. 정책 변화에 대한 학교와 교사의 호응이 부족하고, 혁신 교육의 속도가

상당히 더뎌서 기대에 미치지 못한다는 평가이다. 여전히 입시 위주의 교육에 매몰되어 있고, 동시에 책임 교육의 가치를 구현하지 못하고 있다. 교사들은 항상 업무가 많고 어렵다는 이야기를 하지만, 좋은 정책에 대해서도 업무가 늘어나는 것을 우려해 부정적 입장을 표현하는 것에 대해서 아쉬움을 드러낸다. 학교 자치 또한 소수의 사람들에 의해서 학교가 운영된다는 점에서 아직 풀어 가야 할 과제가 적지 않다는 입장이었다.

우리 단체에서 얼마 전에 회원들의 지역 동아리 모임을 했는데, 학교에 대한 아쉬움을 많이 토로했다. 교육부나 교육청에서 혁신 교육에 대한 정책적 흐름이 있지만, 대부분의 학교는 선생님들이 혁신의 동력체로 서지 못한 상태이고, 의지도 별로 없다는 아쉬움이 많았다. 대도시 학부모들의 이야기를 들어 보면 교육과정이 바뀌면 교육과정에 맞추어서 수업을 재구성·재구조화해야 하는데 여전히 입시 중심 수업으로 일관하고 있다는 것이다.

시민사회 단체에서 보기에는 혁신의 확산 속도가 너무 좁고, 느린 편이다. 물론 현장에서 열심히 잘하는 교원들도 계시는데, 여전히 많은 분들이 움직이지 않는다. 정부가 정책의 방점을 찍는 것도 중요한데, 단위 학교 교사들이 바뀌지 않고 움직이지 않으면 무엇이 바뀔 수 있을 것인가? 내신에 대한 불신은 교육부 정책부서의 더딘 한계도 있지만, 교사들이 더디게 움직이는 모습에서 기인한 면이 있다.

회원들의 이야기를 듣다 보면, "우리 선생님은 수업이 똑같고, 현실 이야기만 하고, 미래지향적 이야기나 정말 필요한 이야기는 하지 않는다."고 말한다. 선생님들 스스로가 선발의 경쟁 구도에서 살아난 분들이어서 그런지 아직도 경쟁 구도에 젖어 있는 것은 아닌지 우려가 된다.

학부모들은 학교의 책임 교육이 더욱 강화되어야 한다고 본다. 학업성취도가 부족한 학생에 대한 체계적인 지원이나 보충수업이 안 되고 있다는 의견이 많았다. 타 교과 연계도 안 된다는 것이다. 전체적으로 봤을 때 학교에 다양한 지원이 투자되어서 선생님들의 부담을 덜어야겠지만, 배움의 속도가 느린 학생들을 체계적으로 도울 방법을 강구해야 하는데, 교원 단체에서 부정적으로 보고 있는 것으로 알고 있다.

많은 사람들이 학교에 변화가 필요하다고 말하지만, 정작 교사들은 업무가 추가되는 방식으로 받아들이면서 예민하게 반응을 한다. 뭔가 바꾸자고 하면, 공문이 많고 업무가 많다는 이야기만 반복적으로 한다. 유의미하고 필요한 정책의 깃발을 들어도 학교는 아직 철옹성이다. 소수의 학교운영위원회, 학부모에 의해 학교 운영 방향이 잡히는 방식보다는 넓게 의견을 수렴하고, 수렴된 의견을 가지고 최종 방향을 설정하는 흐름이 앞으로 필요하다.

— C시민사회 단체 상근자

C시민사회 단체 관계자는 학교의 내적 책무성이 약한 모습에 대해서 우려한다. 정책으로 환원될 수 없는 실천의 영역이 있는데, 이 지점이

무너진 학교가 많다는 것이다. 이러한 문제를 바로잡기 위해서 학교 혁신의 흐름이 나타나고 있지만, 속도가 너무 느리고, 혁신 그룹은 소수에 불과하다.

'학교 자치 = 교사 자치'인가?

시민사회 단체 관계자들의 주장에 대해서 부분적으로 동의하지 않을 수 있고, 학교 현장을 몰라서 그런 이야기를 하는 것이라고 치부할 수도 있겠지만, 교육 자치와 학교 자치를 논의할 때 고려해야 할 몇 가지 시사점을 제공한다.

우선 이들은 '학교 자치 = 교사 자치'로 인식하지 않고 있음에 주목할 필요가 있다. 단위 학교에 여러 문제점과 한계가 있는데, 이것은 단순히 정책과 제도의 문제로 환원되지 않는다. 즉 개별 학교가 지닌 자율적 공간에서 해결할 여지들이 있는데, 이러한 모습이 온전히 해결되지 않고 있는 모습에 대해서 공통적으로 답답해 하였다. 그 이유는 여러 가지가 있다. 정책 자체가 실패했거나 실제로 학교장의 갑갑한 리더십에 기인한 측면도 있다. 그러나 시민사회 단체 관계자들은 구조와 정책의 문제 이전에 학교 스스로의 반성과 성찰을 촉구한다. 그 학교는 곧 교사들을 의미한다.

교사들은 교육청과 교육부의 갑질을 문제 삼지만, 시민사회 단체에서 보기에는 학교 역시 갑질을 할 때가 있다. 일부 사업을 하면서 나타나는 양상일 수도 있지만, 교사 자격증이 없는 사람들은 교육에 대해서 모르는 사람으로 폄하하는 '관점의 갑질'이다. 이러한 폐쇄적 태도로는 지역사회와 함께 어떤 일을 도모하기 어렵다.

이들은 또한 학교가 지역사회라는 생태계에서 어떻게 존재하고 있는가에 대해 질문을 던진다. 지역과 시민사회의 일원으로 존재하고 있는가? 아니면 외로운 섬처럼 존재하는가? 이들은 학교가 후자의 모습을 지니고 있다고 본다. 우리나라는 지금까지 중앙집권적 교육 시스템을 고수했다. 지방 자치의 제도적 실현 역시 군부 독재 시절을 거치면서 상당 부분 후퇴하였다. 그나마 일반 지방자치단체에 비해서 교육 자치는 거의 10년 이상 뒤처져 있다고 봐도 과언이 아니다. 무엇보다 공립학교의 순환 근무 체제는 교사들이 지역사회에 애정을 가지고 정주하지 못하게 한다. 이런 상태에서 교사들은 지역사회의 일원으로 온전히 정착하지 못한다. 마을과 지역에 대한 관점이 형성되어 있지 않은 상태에서 학교는 지역사회와 연결할 수 있는 고리가 없는 셈이다. 학교운영위원회에서 지역 위원을 제대로 확보하지 못해서 학부모 위원이나 졸업생 학부모를 다시 지역 위원으로 위촉하는 실정이다. 그만큼 학교는 지역 네트워크를 구축하지 못하고 있는 셈이다.

학교와 지역사회 모델 : 폐쇄형, 동원형, 상호작용형

학교를 지역사회와 연결해서 생각해 볼 때 3가지 모델이 있다.

첫 번째는 폐쇄형 모델이다.

지역사회와 교류 없이도 학교는 생존이 가능하며, 굳이 검증 안 된 단체와 교류하는 위험을 감수할 바에는 홀로 학교 교육과정을 감당하고 만다. 이 모델은 교사들의 역량이 탁월하면 문제가 없지만, 학생들의 다양한 요구를 감당하기 어려울 때는 학교교육력 제고로 이어지지 못한 채, 학생과 학부모의 불만이 폭발할 수 있다.

두 번째는 동원형 모델이다.

학교에 아쉬운 점이 발생할 때, 부분적으로 지역사회의 도움을 요청한다. 일종의 교육과정 활용에 지역사회의 인적 자원을 활용한다. 부분적인 적용 모델이고, 안정을 취하면서도 학교가 지닌 나름의 한계를 극복하는 모델이다.

세 번째는 상호작용형 모델이다.

학교는 지역사회로부터 도움을 받는 존재가 아니라 지역사회에 기여해야 한다는 관점을 가진다. 선생님들만의 힘으로는 교육과정을 풍성하게 이끌 수 없다는 한계를 인정한다. 마을을 통한, 마을을 위한, 마을에 의한 교육과정도 시도한다(김용련, 2015). 이러한 모습은 학교를 지역사회의 일원으로 인정하면서 상호 신뢰가 쌓일 때 가능하다. 동시에 지역사회 네트워크를 구축했거나 지역사회에 대한 애정이 충만한 일부 교사들이 지역사회와 연결고리를 만들어 간다.

최근 들어 마을교육공동체라든지 혁신교육지구 사업 등에 주목하는 이유가 여기에 있다. 이러한 사업들은 단순히 지방자치단체로부터 예산을 얼마 받아서 집행하는 데 의미가 있지 않다. 잃어버린 마을을 복원하고, 학교와 지역이 함께 상생하고 성장하는 데 핵심 가치를 둔다. 상호작용형 모델이 가능하려면 학교 구성원들이 지역에 뿌리를 박으면서 일정한 신뢰를 구축해야 한다.

학교 자치는 신뢰에 바탕을 두지만, 신뢰는 전문성에서 나온다

정책은 상대적 속성을 지닌다. 교육 주체들의 시각과 관점에 따라서 현상을 달리 해석하기도 하고, 요구사항이 달라진다. 예컨대 적지 않은 교사들은 교원능력개발평가가 학교공동체를 형성하는 데 도움이 되지 않고, 불필요한 행정력만 낭비하기 때문에 폐지가 바람직하다고 말한다. 그런데 학생과 학부모들은 다르게 생각한다.

교육정책을 토의하는 어느 현장에서 한 고등학생이 말했다.

"선생님 수업이 여전히 주입식·암기식 교육이어서 이를 바꾸어 달라고 교원능력개발평가 때 의견을 제시했지만 전혀 바뀌지 않았어요."

교원능력개발평가에 대해 어느 학부모는 다음과 같이 말한다.

"교원능력개발평가를 하면 뭐합니까? 수업과 학급 운영이 엉망인 선생님에게 책무성을 요구하는 것도 아니고, 문제가 있는 일부 교사를 제대로 거르지도 못하는 것 아닙니까? 하려면 제대로 해야 합니다."

이처럼 서 있는 공간과 주체에 따라서 정책을 바라보는 시각은 달라질 수밖에 없다. 학교 혁신을 고민하는 모임을 가면 학교장들은 교사 때문에, 교사들은 학교장 때문에, 학부모들은 교사 때문에, 교사들은 학부모의 인식이 변하지 않아서 학교 혁신이 이루어지지 않는다면서 서로 답답함을 호소한다. 이러한 인식의 이격은 학교를 불통과 오해의 공간으로 인식하게 만든다.

학교 자치의 핵심 키워드는 참여와 소통, 신뢰, 전문성이 될 수밖에 없다. 결국 학교 자치는 교육 주체, 학교 구성원, 지역사회, 시민사회 간 '사회적 자본'의 축적과 형성의 과정으로 봐야 한다. 사회적 자본은 '사람·조직·공동체·기관 간 관계 형성과 신뢰를 통해서 얻을 수 있는 상호 이익'을 의미한다. 사회적 자본은 콜만(James Coleman), 퍼트남(Robert Putnam), 부르디외(Pierre Bourdieu) 등이 학술적으로 논의하였으며(오욱환, 2013), 사회과학 분야에서는 관련 논문이 쏟아져 나올 정도로 파괴력과 영향력 있는 학문적 개념이다. 물론 서구 사회보다는 한국 사회가 공동체 개념이 본래부터 강했던 점을 감안하면 우리에게는 특별한 개념이 아니고, 본래부터 형성된 삶의 습성으로 볼 수 있다.

예컨대 안면이 있는 사람에게 어떤 일을 부탁할 때와 안면이 전혀 없는 사람에게 일을 부탁할 때, 상대방의 태도와 말투, 반응이 달라지는 것을 종종 경험하게 된다. 서로 친한 사람이라면 이자 없이도 돈을 빌릴 수 있지만, 그렇지 않다면 은행에 가서 각종 신용 서류를 준비하고, 수수료와 이자를 내야 한다. 상호 간 신뢰 형성은 거래 비용과 감시 비용, 행정 비용을 줄일 수 있다. 이러한 사회적 자본은 사실 학교 자치를 설명하는 데 유용하다.

구성원 간에 소통이 원활할 때 사회적 자본은 축적되면서 학교 자치는 성공하지만, 상호 갈등과 불신이 누적될 때 사회적 자본은 축적되기 어렵다. 어설픈 학교 자치는 구성원 간에 파열음만 낼 가능성이 크다. 결국 학교 자치는 학교를 얼마나 믿을 수 있는가, 구성원 간 신뢰는 어느 정도로 쌓여 있는가, 지역사회와 학교가 소통하고 있는가, 특정 상황을 해결할 수 있는 시스템을 지니고 있는가를 생각해 보면 된다. 학교 자치는 결코 공짜로 이루어지는 것이 아니다. 학생·학부모·교직원의 교육 3주체 법제화에 성공했다고 해도, 인식과 문화의 문제는 여전히 남게 된다.

단위 학교는 교육부와 교육청을 향해 항상 불만을 토로한다. '관료주의' 때로는 '적폐'를 운운하며 교육부와 교육청이 현장을 지원하는 조직으로 변화해야 하며, 일하는 방식을 개선하라고 목소리를 높인다. 역대 정권에서는 교육 개혁안을 정권 초기에 발표했지만 시간이 지나면서 용두사미가 된 사례가 적지 않고, '위에서 아래로' 방향과 지침을 정해서 시달하는 방식으로 추진되면서 현장의 공감대를 얻지 못한 채 흐지부지된 경우가 적지 않았다.

한국 교육에 일정한 문제가 있고, 그 문제의 책임을 굳이 찾아야 한다면 권력과 권한을 지닌 상급 기관을 지적하지 않을 수 없다. 그러나 교육은 독특한 특성이 있어서 관료주의 내지는 국가주의만으로 한국 교육에 많은 문제가 누적되었다고 결론 내리기에는 뭔가 석연치 않은 구석이 있다. 한쪽에서는 교육부와 교육청이 여전히 많은 권한을 쥐고 있다고 말하지만, 한쪽에서는 단위 학교에 적지 않은 권한을 이양했는데 주어진 권한을 제대로 행사하려는 능력과 의지, 전문성이 있는가에 대해서 의구심을 갖는다.

학교 자치는 단순한 개념이 아니다. 교육 자치와 분권의 종착점은 학교여야 한다. 교육부의 권한을 교육청으로, 교육청의 권한을 단위 학교로 내려보내야 한다. 이러한 주장에 이의를 달 사람은 없다. 문제는 현실이다. 학교 자치는 근본적으로 상급 기관의 지시와 명령이 아닌 학교 구성원들의 참여와 소통으로 의사결정을 하고 책무성을 확인하면서 개선해 나가는 시스템을 의미한다.

교육부의 권한을 교육청으로, 학교로 이양해야 한다는 말은 누구나 할 수 있지만, 현실의 과업으로 들어가면 이야기는 달라진다. 예를 들어 보자. 교원 임용고사는 교육부에서 제도를 기획하고 있고, 교육과정평가원이 주도하고 있다. 임용고사에 관한 상당 권한은 사실 교육청에 있다. 그러나 교육청에서는 임용고사를 우리가 주도하겠다고 말하지 않는다. 예전에 임용고사 업무를 교육청으로 넘기겠다고 교육과정평가원에서 제안하자 교육청에서는 손사래를 치면서 못 맡겠다고 한 적이 있었다. 교원 임용고사 업무는 대학수학능력평가 이상의 에너지가 들어가기 때문에 보안과 출제의 질이 담보되어야 한다. 만약 문제가 발생하면 소송은 물론 업무 담당자의 자리가 위험한 고난이도 업무이다. 교육 자치와 분권을 주장하는 교육청에서 이 업무를 달라고 요구하지 않는다. 교육청에서 지역 특색에 맞는 교사를 뽑기 위해서는 임용고사에 관해 많은 노력을 기울여야 하는데, 이론상으로는 동의를 해도 실무적으로 동의하기는 어렵다. 이처럼 권한 배분은 일을 제대로 기획하고 실행할 수 있는 고도의 전문성을 요한다. 그리고 내 자리를 걸고 책임을 져야 하는 살 떨리는 요구이다.

지금까지는 여러 문제에 대해 교육부와 교육청 탓이라고 말할 수 있었지만, 학교 자치의 실현 이후에는 그 책임을 고스란히 학교 구성원이 지게 될 가능성이 있다. 한마디로 돌을 던질 대상이 없어지는 셈이다. 그런 점에서 학교 자치에도 연습이 필요하고, 시간과 경험의 축적이 필요하다. 예컨대, 국가 수준의 교육과정이 아니어도 일부는 단위 학교에서 교육과정을 계발하고 운영할 수 있어야 한다. 단위 학교에서 교과목을 개설했다고 치자. 이 과정은 별도의 교재 계발을 요구하며, 교사의 상당한 전문성을 요한다. 어찌 보면 기존에 국가에서 주어진 교육과정과 교과서를 가지고 가르치는 것이 교사에게는 훨씬 편할 수 있다. 학교 자치는 교육과정의 자치 역시 요구하게 되는데, 이는 상당한 기획력과 전문성, 실행 의지를 요구하는 작업이며, 교사의 전문성 수준이 그대로 드러나는 과정일 수 있다. 지금까지 교사를 반전문가, 준전문가로 인식하는 경향이 있었는데, 명실상부한 전문가로 자리매김을 해야 하고, 그 과정은 상당한 자율성, 고도의 전문성, 결과에 대한 책무성을 함께 요구하게 된다.

국가 · 경제 · 공동체, 어떤 질 관리 시스템을 선택할 것인가

얼마 전에 한 사립 중학교를 방문했는데, 학교를 혁신하기 위해 몸부림치는 교사들이 동료 교사들의 저항에 부딪쳐 어려움을 겪고 있었다. 교내 학습공동체를 전 교사 대상으로 시행하기 어려워서 퇴근 무렵에 별도로 진행을 하고 있었고, 체험활동을 의욕적으로 추진하는 교사들은 선배 교사들로부터 "제발 힘들게 하지 마라"는 경고성 멘트를 들어야 했다. 어떤 교사들은 수업 혁신을 바탕으로 학생들의 특성을 포착하여 생활기록부에 다양한 기록을 적어 주고 있었으나, 어떤 교사들은 일부 상위권 학생을 대상으로만 기록했다.

사실 학교라는 공간에서 성적 조작, 성범죄, 체벌, 금품 수수 등의 심각한 문제를 일으키지 않으면 교사로서의 생존은 가능하다. 단위 학교와 교사의 책무성을 제대로 확인할 수 있는 장치는 의외로 많지 않기 때문이다. 근무평정 점수가 있지만, 교장 · 교감을 포기하면 의미 있는 수단이 되지 못한다. 교원능력개발평가 역시 바닥을 친다고 해도 연수를 받으면 그만이다. 이러한 시스템에서는 수업을 덜 할수록, 업무를 덜 맡을수록, 담임을 하지 않을수록 교사로서는 이익인 셈이다.

이런 상황이 일부 교사들의 문제로 끝나면 그만인데, 이러한 교사들의 수가 특정 학교에 많아지게 되면 학교 혁신은 불가능해진다. 공교육에 대한 학생과 학부모의 불신은 커지게 되고, 교사의 무사안일을 질타하는 국민들의 목소리는 높아지게 된다.

생각해 보자. 교육과정과 수업, 평가에 관한 권한은 국가가 전적으로 행사하는가? 학교와 교실에서 아이들과 교사의 상호작용에 누가 관여하고 개입하는가? 과거와 같은 검열과 통제의 시대가 분명 아니라는 점을 감안한다면, 단위 학교 역시 일정한 권한과 자율을 행사하고 있다. 문제는 학교 민주주의가 작동하지 않았을 때, 소통과 참여, 협의의 과정이 생략되었을 때, '학교 = 학교장'으로 인식이 치환되는 문화와 제도의 일상이 만들어지고 있다는 점이다. 이러한 문제와 함께 학교 안 관료주의 역시 심각하게 고민할 지점이 있다. 예컨대 체험학습을 진행할 때 교사 편의주의가 작동하면 놀이공원에 다녀오는 방식이 제일 편할 것이다. 반면에 교육과정과 연계하여 의미 있는 체험활동으로 이어지게 하려면 상당한 에너지가 들어가야 한다. 이처럼 가급적 편하게 살아가려는 본능에 충실하면서 자기 이익만을 추구하려는 인간의 속성을 견제하기 위한 시스템이 필요하다.

통제 시스템 내지는 질 관리 시스템은 크게 3가지이다.

첫 번째는 국가 작동 시스템이다.

몇 가지 책무성 수단을 제시하고, 그 수단에 도달하지 않은 경우에 패널티를 주고, 도달한 경우에는 보상을 하는 방식이 여기에 해당된다. 이 시스템에서는 무엇을 책무성의 기준으로 삼을 것인가가 관건인데, 교육 영역은 그 효과가 단기간에 이루어지기 어렵기 때문에 결과 지표를 확인하기 어렵다. 여기에 관료주의가 작동하면 투입 지표 또는 과정 지표 중심으로 결과를 확인하게 되는데, 이 경우 목표와 수단이 바뀔 수 있다. 예컨대 회의를 몇 번 했느냐, 예산을 얼마나 투입했느냐는 식으로 접근하면 현장의 일하는 방식을 왜곡시킬 수 있다. 동시에 지표에 반영되지 않은 내용에 대해서는 소홀히 할 가능성이 있다. 교육은 복합적이면서 중층적 성격을 지니기 때문에 특정 지표만으로 환원하기 어려운 속성을 지닌다.

두 번째는 시장 작동 시스템이다.

수요자의 선택을 중시하면서 공급자들을 경쟁 시스템에 돌입하게 한다. 예컨대 학생 인원수를 지금처럼 교육청이 일정하게 배정을 보장해주는 방식이 아니라 학생과 학부모의 선택에 맡기고, 학생 수를 모으는 만큼 예산 지원을 하는 방식으로 하면 학교는 긴장 모드로 돌입할 것이다. 이 경우 학교 간, 지역 간 양극화는 심화될 가능성이 크고, 학교 간 경쟁에 따른 여러 부작용이 속출할 가능성이 있다. 한때 야간자율학습을 강제로 시키던 시절이 있었는데, 인근의 학교가 야간자율학습을 10시까지 하면 다른 학교들은 11시, 12시까지 늘리다가 급기야 새벽 1시까지 운영하는 사례도 나타났다. 경쟁에 따른 비인간화 현상도 나타날 수도 있다.

세 번째는 학교 자체 질 관리 시스템이다.

수업과 평가 등을 교사들 스스로 공개하고, 공유하고, 학생과 학부모가 학교의 질 관리에 대해서 요구하고, 소통할 수 있는 모습을 상상해 보라. 예전에는 교육청 관계자들이 학교에 와서 각종 자료를 보고, 수업을 참관하고, 학교 관계자들을 인터뷰하면서 학교를 평가하였다. 최근에는 학교 구성원 스스로 자체 평가로 전환하는 추세이다. 구성원들이 여러 자료를 스스로 수집하면서 학교의 성과와 문제를 스스로 찾아내고, 다음 학기의 개선 방안을 찾는 방식이다. 대단히 이상적이고 바람직한 방식이다. 이는 학교의 비전과 방향을 설정하고, 구성원 간 그것을 공유하면서, 역동적인 구성원들의 참여가 보장될 때 가능한 방식이다.

그런데 학교 자체 평가로 전환했더니 의도대로 열심히 내부 토론을 하면서 대안을 찾는 학교가 있고, 실제로는 담당자가 문서 몇 장 정리하고 넘어가는 학교도 나타났다. 학교공동체 스스로의 질 관리 시스템이 작동하지 않으면, 학교 민주주의가 형성되지 않으면, 구성원들의 성숙된 시민의식이 전제되지 않으면 책무성보다는 구성원 편의주의가 작동할 여지가 있다. 동시에 학교와 지역 간 편차의 문제가 발생할 수 있다. 자치가 격차의 극대화로 이어지지 않게 할 수 있는 제도적 장치 역시 고민해야 한다.

　우리나라는 위 3가지 시스템이 모두 작동하지 않고 있으며, 어설프게 부분적으로 각 기제들이 작동한다. 학교 자치는 결국 학교 자체 질 관리 시스템을 함께 모색하는 시스템을 의미한다. 동시에 학교의 폐쇄성으로 이어지지 않기 위해서는 지역사회와의 거버넌스 역시 필요하다. 마을교육공동체와 혁신교육지구 사업은 지방자치단체 · 지역사회 · 학교 · 교육청의 네트워크 체제를 통해 좋은 교육을 도모해 보자는 취지인데, 상호교류와 신뢰 없이는 성공하기 어렵다. 결국 이러한 한계를 극복하기 위해서는 거버넌스가 필요한데, 이는 교육부와 교육청만 해당되는 사항이 아니고 학교 거버넌스가 필요하다.

　거버넌스는 기본적으로 학교장의 독단적 의사결정이 아니라 교육 3주체의 협의와 논의 과정을 수반하면서 동시에 지역사회 및 시민사회와의 소통과 협력 시스템을 내포한다. 즉, 단위 학교 내부적으로는 민주적 자치공동체를 구축하면서 외부적으로는 지역 및 시민사회 네트워크에 참여하여 학교의 역동성을 만들어 가야 한다(서용선 외, 2013). 결국 학교 자치는 자율성 · 전문성 · 지역성 · 공동체성 · 책무성 · 민주성이 유기적으로 상호 연계하면서 동시에 작동해야 한다.

　이는 결국 서로가 서로를 믿을 수 있는가에 대한 인간 존재의 물음으로 이어진다. 각 요소들이 조화를 이루어 나갈 때 학교 자치라는 멋진 합주곡이 만들어질 수 있다. 어찌 보면 학교 자치는 제대로 가 보지 않았으며 경험하지 않았다고 봐도 과언이 아니다. 서로가 가진 생각을 조금씩 내려놓으면서 이해와 공감을 높이는 작업이 학교 자치의 출발이 아닐까?

학교 자치에 대해 함께 성찰하는 질문

◆ 학교가 지역사회와 소통하고 협력해야 한다는 주장에 대해 다소 부정적 입장을 지닌 교사들도 적지 않다. 그 이유는 무엇인가?
◆ 학교 내부에 문제가 발생을 했을 때 학교 자치의 관점에서 해결하기 위해서 필요한 조건은 무엇인가?

4. 교육공동체가 바라는 학교 자치

흔하디흔한 단어, 학교 혁신 그리고 학교 자치

'교육 자치'나 '학교 자치'라는 단어를 일상적으로 쓰는 나라는 찾아보기 힘들다. 특히 서구의 나라들이 그러하다. 그들은 교육 자치 혹은 학교 자치라고 직역될 만한 용어를 사용하지 않는다. 현재 우리가 교육 자치, 학교 자치라는 말로 지칭하고 있는 교육 제도 혹은 학교 운영 방식은 세계의 많은 나라에서 이미 도입된 것이다. 학교운영위원회 제도를 중심으로 한 학교 운영 방식과 단위 학교 책임경영제 혹은 학교 중심 경영제 등으로 번역되고 있는 소위 'School-Based Management'나 'School-Site Management' 등 이러한 제도나 내용을 모두 포괄하면서 담아내고 있다. 학교 자치나 외국의 단위 학교 책임경영제 등이 지향하는 바와 실행 원리는 모두 학교 자치와 상당 부분 공통점을 가지고 있다. 학교 자치에 관한 요즘의 논의는 대개 교육감 직선제와 맞물려 촉발된 것으로 볼 수 있으며, 수업 혁신과 교육 혁신을 한층 더 성공시키기 위해 학교 현장 중심의 민주적 자율 경영 방식을 고민하고 있다고 볼 수 있다.

현재 논의되고 있는 학교 자치 도입은 공교육에 대한 문제 제기로 출발하게 된 혁신학교의 움직임이 그 중요한 배경의 하나이다. 이 움직임은 수업 혁신과 교육과정 전문성을 내세우면서 학교 수업에서 아이들과 소통하기 위해서는 우리 교육이 변화해야 한다는 절박함에서 시작된 교육 혁신 운동이었다. 공교육 정상화와 사교육비 절감은 교육부에서 지속적으로 내건 교육정책의 슬로건이다.

이 두 흐름은 교사에게 수업과 교육과정에 대한 책무성과 자율성을 요구하는 것이었으며, 교사가 변화의 주체로 바로 서면 해결할 수 있는 것들이 많다. 교사의 의견을 적극적으로 반영하여 운영되는 단위 학교의 전문적 자율 운영, 교육활동을 자율적·독창적으로 창출하고, 자율 재량 하에 교육활동을 수행하여 그 결과에 스스로 책임지는 방식 등은 교사로부터의 요구, 위로부터의 요구 모두를 만족시킬 수 있다. 이것이 교사의 자율성이며, 학교 자치의 범주 속에서 실현 가능한 것이다. 학교 자치를 흔한 말로 만들게 된 배경이 바로 혁신학교의 문제 제기, 공교육 정상화에 대한 문제 인식이다.

학교교육에 대한 변화 요구는 교육계가 늘 안고 있는 숙제였다. 그런데 혁신학교 이전에는 교육 개혁을 위한 접근 방식이 항상 하향 전달 방식으로 진행되었다. 개혁의 명분과 목표와 실천 방법들이 교육체제상의 상부조직에서 결정되고, 그렇게 결정된 것들이 학교에 '일방적으로' 전달되어 그 실행이 강제되는 방식이었다. 변화와 개혁은 학교 밖에서 구상되고 학교는 그 결과를 실행하기만 하면 되는 구도인 것이다. 일견 전문적이고 효율적인 교육개혁 접근 방식으로 보인다.

중앙 통제적 접근 방식이 한계를 지니고 있음은 이론적·경험적으로 명백해졌다. 우선 그간의 숱한 교육개혁안들이 기대했던 성과를 거두지 못한 채 학교교육 현실이 악순환을 계속하고 있음에서 그 경험적 증거를 찾을 수 있으며, 학교조직에 관한 이론적 설명, 특히 교사들이 수행하는 일의 내용과 그 수행 방식, 교사들의 의식과 행태, 학교조직의 구조와 전개 방식 등에 대한 연구 결과에서 전통적 교육개혁의 접근 방식이 가질 수밖에 없는 한계 요인을 찾을 수 있었다. 그것은 학교가 변해야 교육이 변하고 개혁되는데 학교 주도성을 배제한 방식으로는 학교의 변화를 이끌어 내기 어렵다는 것이다.

혁신학교는 이러한 위로부터의 교육개혁 요구 방식을 수정해야 함을 보여주었다. 교육의 변화와 개선의 주도력이 학교에서 출발하고 교사에게서 시작되어야 한다는 것이 분명해진 것이다. 학교의 변화는 학교조직의 구성원을 포함하여 학교와 긴밀히 관련된 사람들이 적절한 권한과 자율성과 책임감과 내발적 동기를 가질 때 비로소 가능해진다는 생각이 공유되었다. 이러한 흐름은 바로 학교 중심의 운영 방식, 즉 학교 자치의 도입을 요구할 수밖에 없었다. 이는 기존에 학교운영위원회라는 제도 도입을 통해 학교 자치를 '유도'하는 것과는 다른 접근이었다. 학교 자치가 현장에서 요구되고 시작된 것을 계기로 교사에게 이를 실현하기 위한 여러 과제가 주어졌다.

교사, '자율과 책무'라는 양면의 동전 속에서

'연구하는 교사'라는 표현을 자주 쓴다. '교사 연구자'라는 표현도 자주 사용된다. 교사의 전문성을 개발하자, 혹은 교사 스스로가 전문성을 지니고 있다거나 지녀야 한다는 등의 논의들이 자주 언급된다. 이들 이야기의 전제에 교사가 전문적이지 않고, 연구하지 않는다는 정체성을 가진 존재라는 의미를 담겨 있다. 연구하는 교사는 특이한 존재이고, 전문직이라고 하면 과연 그런가라는 질문을 스스로 던지게 된다. 그런데 우리 사회에서 교사만큼 학습이나 독서 등 배움을 즐기는 집단도 드물다. 대학 진학 학력도 상당히 높은 편이며, 대학 교육 또한 집중적으로 이수한다. 현장 교원의 절대 다수가 석사 학위 이상을 지닌 연구 집단이며 일상에서 가르침을 행함에 따라 배움으로 자신을 채우지 않으면 지적 권위에 손상을 입는다. 교사만큼 연구하고자 하는 욕구와 열정을 강하게 지닌 집단도 없다.

연구나 자기계발 욕구가 충만하고 실제 연구활동을 가장 많이 하는 집단임에도 왜 이와 반대되는 이미지가 사회적으로 만연해 있는지를 살펴볼 필요가 있다. 스스로 전문직이라고 하지만, 학교 밖에서 인정받지 못하는 전문직이라는 것에 대해 교사는 자기성찰적 질문을 해 보아야 한다. 흔히 학교 자치는 교사를 전문성에 기반을 둔 자율적 존재로 인정하고, 학교 현장에서 교육활동의 주체로 받아들여야 실현이 가능한 논의이다.

교사가 학교 밖에서 연구자와 전문가로서의 역할을 인정받지 못하는 원인은 다양하다. 우선 교육과정 전달자라는 인식이 그 이유의 하나이다. 그리고 학교장 1인의 권한이 비대하여 다수가 수동적인 명령 이행자의 역할을 하는 것이다. 따라서 학교 운영 전반에 대한 결정 권한이 교사에게 없는 것으로 봐도 무방하다. 또한 근무 태도, 업무 결재 등 교육활동 관련하여 교장이나 교감의 관리 대상으로 간주되고 있다. 이러한 상황에서 교사는 연구자이며, 교육의 주체로서 전문성을 인정받아야 하지만 실질적으로는 타율적 관리와 감시를 받는 기제 속에 존재하는 것이다. 학교 자치를 위해서는 가르치는 존재로서 교사의 자율을 요구해야 할 필요가 있다.

교사는 자율을 요구하고 있는 수준만큼 책무를 요구받고 있는 상황이기도 하다. 혁신학교 운영에서도 자치와 자율을 요구하는 수준만큼 교사의 높은 도덕적 책무를 요구해 왔음을 확인할 수 있다. 대체로 교육 책무성 논의가 본격화된 것은 5·31 개혁 발표 이후로 보고 있다. 새로운 시대적 흐름 속에서 국가 발전의 진일보 도약을 위한 교육 체제의 질 확보와 단위 학교 교육력 제고 등을 목표로 수행의 성과를 중심으로 책무성 기제가 작동되기를 요구하게 된 것이다. 하지만 책무성 기제로서 작동하는 것은 수동적이고 감시 체제적이며, 양적 성과를 일궈내야 한다는 부담을 준다. 당연히 그 기제 속에서 교사의 존재는 또다시 관리의 대상으로 전락하게 된다.

이와 달리 혁신학교에서 스스로 요구해 온 책무는 도덕적 지향을 갖는 개념이다. 학생의 배움에 주목하고, 그 배움의 관점에서 학교 운영의 혁신을 지향했던 것임에 따라 민주적 학교 운영의 요구만큼이나 교사가 자율성을 발휘하고 그 책무를 제대로 이행해야 함을 주장했다. 이때 책무는 성과를 위한 기제로 작동하기보다 자율적 존재로서 교사가 스스로 움직이는 것에 주목한 것이다. 수동적 존재는 감시와 관리를 받으면서 성과에 집중된 책무를 다하면 되지만, 자율적 주체는 맡은 바 소임을 스스로 실행하고 검증해야 하는 책무는 다하는 존재로 스스로를 인식한다. 이럴 때 비로소 교사는 교육의 본질을 실천하는 데에 적극적인 모습을 보이며, 자율을 기반으로 한 책무성은 교사 스스로 전문성을 가지고 자치를 누리는 것이 가능하게 한다.

혁신학교의 책무가 지향하는 덕에 기반을 둔 책무는 이제 한 걸음 더 도약할 필요가 있다. 이제까지 교사에게 사도의 길, 소명 의식이라는 방식으로 책무성을 요구해 왔다. 교사는 사회적으로 높은 도덕성과 사회적 책무를 요구받으며, 체제에 순응하고 교육적 소명 의식으로 강하게 무장된 그러한 책무성을 합리화해 왔다. 이것은 책무성을 학교문화 차원으로 접근하여 현실적으로 학교에 일임하는 방임 수준으로 요구하는 것이기도 하였다.

한편으로는 교육청·관리자·교사의 권한을 내려놓고 학교 구성원들이 수평적·비판적으로 논의하여 집단적 자기결정권을 가지는 것이 중요하다는 논의도 존재한다. 이것은 현재 여러 상황으로 엉켜 있는 권한의 문제를 해결하자는 것으로 국가 교육과정 운영 속에서 교육활동의 획일화와 표준화를 요구하는 현실을 수용하고 교육활동을 해 왔던 학교문화 속에서 교사가 교육에 있어서 자기결정권을 경험해 보지 못한 것을 이야기하고 있다. 기제로서의 책무, 덕으로서의 책무, 수평적 권한으로서 책무 등을 넘어서서 비판적 사고가 작동하는 책무로 도약해야 한다.

비판적 시민으로 책무를 다하는 지성적 교사

학교에서 학생의 사고는 비판적이고 자율적인 사고활동이며 민주시민이 되기 위해 필요한 전제 조건이기도 하다. 학생은 교육과정이 전개되는 과정에서 지식을 스스로 재구성하는 활동을 한다. 이 과정에서 학생은 사고의 자율성을 경험하게 되며, 세계에 대한 객관적 이해를 자기 관점으로 구성해 나갈 수 있게 된다. 일상적으로 자신의 지식을 재구성할 수 있는 능력은 사물과 사상에 대한 판단력을 길러 주며, 이는 민주사회의 구성원으로서 지녀야 할 비판적 사고와도 맥이 닿아 있는 활동이다. 성장의 과정에서 이성적 사고 경험의 축적은 학생이 사회로 나왔을 때 그 사회의 구성원으로서 개인과 공동체에 대해 생각하고 고민할 수 있는 인간으로 바로 설 수 있게 도와주며, 민주시민으로서의 역할, 개인의 자아실현 등을 함께 고민할 수 있도록 한다.

학교라는 공동의 장에서 학생과 마찬가지로 교사 또한 사고의 자율성을 인정받아야 한다. 교사는 사회의 일원으로 끊임없이 시민적 성장을 하고, 학교라는 공간에서 배움과 성장을 돕는 기성 세대인으로서 시민적 모범이 되어야 하고, 스스로 민주시민으로서의 역할을 담당해야 한다. 따라서 교사 사고의 자율성, 비판적 사고력과 판단력 등이 학교라는 공간에서 학생만큼 교사에게도 담보되어야 하는 것이다.

생각하는 민주시민으로서의 교사는 단위 학교에서 교육과정 자율성으로 자신의 존재감을 드러낼 수 있다. 교사의 교육과정 자율성은 교사 나름의 판단력과 자율적 사고활동의 결과물이며, 학교 환경이나 학생의 특성을 고려하여 만들어지는 것이므로 그 자신의 교육활동이나 단위 학교 현장에서 의미를 가진다. 그리고 교육과정 재구성에서 중요한 것은 지속적으로 교육과정을 재구성할 수 있는 교사 사고의 자율성과 이를 실현하고자 하는 자발적 동기에 해당하는 교사의 의지이다. 결국 결과물로서 재구성되어 나온 교육과정보다 중요한 것은 교육과정 재구성을 지속적으로 실천하고자 하는 교사의 자유의지이다.

교사가 가르치는 존재로서 스스로의 사고 과정을 통해 교육과정을 생성해 내는 것은 교육과정 재구성을 통해 교사의 전문성, 교사의 자존감과 자율성을 회복한다는 것을 의미한다. 일상적으로 지식을 채워 나가고 자신의 것으로 만들어 가는 능력은 시민의 기본적인 사고활동으로, 이 또한 학교의 철학이나 비전에 포함되어야 한다. 이러한 사고활동에 대한 훈련은 세계에 대한 이해와 자아에 대한 성찰을 통해 개인의 자아실현을 이룰 수 있도록 해 줄 것이다. 교사가 지니는 사고의 자율성은 사회 구성원으로 성장해 가는 학생 사고의 자율성과 더불어 교육 현장에서 중요한 의미를 가진다. 우선은 함께 생활하는 학교라는 공간에서 구성원 전체가 각자의 사고의 자율성을 지니고 활동에 참여하는 것으로부터 학교가 당면한 문제 상황들이 해결될 수 있을 것이다. 다음으로 사고하는 아이들을 키우기 위해서는 사고하는 교사가 우선해야 한다. 따라서 교사의 사고를 통한 자유의지의 발현은 한 공간에서 생활하는 학생들에게 영향을 미치며, 더불어 성장하는 것으로 귀결될 수 있다. 지식의 재구성을 통해 학생의 사고가 성장하기를 바라는 것, 그리고 나아가 성숙한 민주시민으로 살아가기 위해 준비를 해 주는 것과 마찬가지로 교육과정의 재구성을 통해 교사의 사고의 자율성을 담보할 수 있으며, 이에 의한 전문성과 성숙한 민주시민으로서의 성장은 결국 학생들과 같은 맥락에서 성숙한 민주시민사회 구현에 이르는 길이 될 수 있다. 그리고 사회 혹은 학교에서의 민주주의를 실현하기 위한 학교공동체의 일원으로서 교사 스스로가 민주시민이 되는 것이다. 결국 현재 우리 사회가 지향하는 방향에 맞는 '유의미한 교육활동'이 학교 현장에서 일어나는 것이다.

교사는 학생들에게 단순한 지식 이외에 사회를 바라보는 눈과 생각하는 힘을 만들어 주어야 한다. 외부로부터 지식을 주입식으로 받아들이기보다는 무엇이 잘못되었는지 생각하는 것이어야 한다. 헨리 지루(Henry Giroux)는 교사는 지성인이라고 말했다. 지성인이란 사회의 여러 현상이나 사건들에 대해 인식하고 판단하는 능력을 갖춘 사람을 뜻한다. 그가 말하는 교사, 즉 지성인은 생각하는 능력을 갖춘 인간이어야 한다는 것은 물론이고, 그러한 생각하는 능력과 사회를 보는 관점 등을 학생들에게 전달할 수 있는 사람이어야 한다는 것이다. 그리고 이때의 사고 능력이란 사물이나 세상의 시시비비를 가리는 판단 능력, 즉 비판적 사고의 힘을 이야기한다. 결국 학교 자치에서 교사가 준비해야 하는 일은 전문성을 발현하고 책무성을 중하게 받아들여 비판적 사고력을 갖추고 자율적으로 활약하는 존재여야 한다는 것이다.

학교 자치의 선결 요건, 교육활동의 동반자 학부모

학교 자치 실현을 앞두고, 교육 3주체의 1인으로 등장하는 학부모의 교육 소임은 무엇일까 고민해 볼 때이다. 학부모의 교육 참여는 자녀의 교육받을 권리의 투영으로서 존재한다. 해방 이후 학부모의 학교교육 참여는 일종의 후원회 성격으로서 부족한 교육 재정을 확보하기 위한 협력 체제로서의 의미가 강하다. 물질적 후원회로 시작된 학부모의 역할은 1950년대의 사친회, 1960년대의 기성회, 1970년대의 학교육성회 등 그 명칭이 변해 왔지만 역할은 동일하게 재정 후원이었다. 이 학부모의 역할에 변화가 생겨나기 시작한 것은 5·31 교육개혁(1995)에서 발표된 "학교공동체" 구축을 위한 안으로 제시된 학교운영위원회의 설치였다. 합법적으로 학부모가 학교 운영 위원의 지분을 갖게 되면서 학교 운영의 주체로 등장하기 시작한 것이다. 이러한 공식적인 참여 지분 이외에, 녹색어머니회, 학부모회, 학부모 교육 등 학교의 일상적 교육활동의 파트너로서 학부모가 등장하고 있다.

이들의 학교 운영 참여는 학부모의 공동체 의식, 민주시민으로서의 자질, 실질적인 학교 운영 모니터링 역할, 교육활동의 인적 지원 등을 고민하기 시작하게 되었으며, 특히 혁신학교 확산과 더불어 교육 3주체 중 하나로 역할하기 시작하였다. 한 걸음 더 나아가 마을교육공동체로 확대되어 지역사회에서 미래의 사회 구성원을 길러내는 데에 교육의 역할을 담당하는 것으로 진화되어 갔다. 시민이 참여형 시민 교육을 주도하고 지원하며, 마을이 협력을 통해 한 아이를 길러 내는 교육공동체로서의 학부모의 역할이 강조되기 시작하였다.

이들이 극복해야 하는 첫 번째 문제는 자녀 이기주의 관점에서 교육을 바라보는 행동 방식일 것이다. 아전인수 격의 이러한 행동이 어쩌면 당연한 것이다. 학교 활동에 관심을 갖는 출발점이 자녀 교육이었지 공공적 시민 행동은 아니었기 때문이다. 지역민으로서의 학교교육에 참여한 것이 아니기 때문에 그 명칭도 학부모라는 말과 연관된 것이 많다. 이로 인해 학교는 학부모 교육을 지속적으로 행해 왔다. 개인의 자녀 교육의 관점에서 학교 운영에 참여하는 학부모의 이기심은 타인의 자녀에 대한 피해로 발생할 가능성이 높기 때문이다.

둘째, 학부모 교육에 대한 불편을 토로하는 학부모들이 많다. 교사의 학부모 대상 교육 행위는 '오만'한 것으로 이해될 수도 있기 때문이다. 공적 영역의 시민으로 행동해 주길 기대하는 이러한 학부모 교육은 받아들이기에 따라 교사들이 학부모를 가르치는 행위로 이해될 수 있으며, 교육이 필요치 않다고 생각하고 있는 성인을 대상으로 교육 행위가 효과를 얻기는 쉽지 않기 때문이다. 학부모 교육 주체화 방향은 이러한 문제의식에서 출발하였으며, 여전히 시민으로 행위하기 위한 안내나 지침, 자녀 교육 이기심을 벗어나는 학교 운영 참여들이 요구되고 있는 상황이다.

셋째, 학부모 교육 참여의 더 큰 난제는 이들이 학교에 무한한 교육적 책임을 요구하는 것이다. 한 아이의 교육은 가정 · 학교 · 지역사회 등에서 동시적으로 행해진다. 때로 학교의 교사는 가정교육을 넘어서기 힘든 공교육의 한계를 절감하기도 하고, 지역의 교육환경을 넘어서는 어떤 교육 성과를 기대하기 힘든 사례들을 종종 경험한다. 그런데 학부모는 아이의 교육과 진로, 성인으로 성장하는 과정에서 얻는 교육적 경험의 한계들을 대체로 학교교육에 책임 지운다. 심지어 돌봄과 교육복지가 학교의 몫으로 넘어온다면 이 무한 책임은 더 크게 학교로 다가갈 것이다.

가정의 교육적 환경 조성과, 자녀와의 유의미한 관계 설정, 돌봄과 책임이 일차적인 교육 행위이며, 이것이 학교의 공적 교육활동과 연계되어 상호 보완의 관계 설정에서 완성될 수 있는 부분임에도 불구하고, 여전히 각자의 반성적 성찰에서 출발한 보완의 관계보다는 대립, 심지어는 적대의 관계로 설정되어 학부모·교사 간 교육 긴장감을 만들어 내기도 한다.

마지막으로 학부모의 학교교육 참여를 학교 급별에 따라 차등적으로 참여에 제한을 두어야 한다는 것이다. 그리고 영역에 따라서도 그 참여를 제한해야 한다는 점이다. 학생을 교복 입은 시민으로 보고자 하는 관점이 있다. 교육의 주체로 학생이 중요하게 등장하는 것은 그들이 배움의 주체임을 인정한 지점에서부터이다. 시민으로 살아가는 모의 체험을 하는 것이 아니라, 학교라는 공간에서 실질적으로 시민적 삶을 살아가는 것이 합당하는 관점이다. 이렇게 학생의 역할을 설정하게 된다면, 적어도 학교 교육활동과 운영 등에서 학생의 '대리' 역할로 학부모가 개입하는 것이 아니라, 학생이 전면적으로 주도해야 한다는 설정이 더 자연스럽다. 초등학교의 경우에도, 학생 자치회나 급식 등 학생이 스스로 참여하는 것이 합당한 영역이 존재한다. 비록 시민으로 정치적 권한이 유보되어 있기는 하지만, 시민으로 인정하는 영역이나 시기가 많으면 많을수록, 이르면 이를수록 한층 더 시민의 역할을 배우거나 체험하거나 익히게 될 것이다. 교육에서 학부모의 역할이 어떠한 방식으로 존재해야 하는가에 대한 논의는 어쩌면 유아교육 정도에서 타당한 논의일지도 모를 일이다.

교사는 교육정책의 주체인가, 객체인가

이러한 앞선 논의에서 교육정책의 주체는 교사여야 한다는 결론이 나온다. 학교 자치와 교육 자율의 주체도 교사라는 결론이 나온다. 지향과 관점은 학생이어야 하지만, 여전히 공교육에서 교육을 전문적으로 다루고 고민하고 교육받아 행동해 온 교사들이 교육정책의 주체가 되어야 한다. 자율만큼 중요한 책무감을 가지고 말이다. 어떠한 변화를 추동하고자 하는 교육개혁의 주체도 교사일 수밖에 없다.

오욱환(2009)은 한국 교육정책의 실패 원인을 간파하는 상상력을 발휘하면서 총 15가지 이유를 언급한다. 정책의 왜곡이나 목적의 혼란, 실적이나 홍보 위주 양상, 정치적 어설픔이나 평등과 공평의 정서적 접근

등을 들고 있는데, 정책의 대상이나 교육 주체들에 대한 몰이해에 대한 요인도 크게 작용하고 있음을 언급하고 있다.

그는 교육정책이 교육력의 향상에 목적을 두는 것이 우선되어야 한다고 하였다. 교육정책을 위한 연구도 정책을 윤색하는 데 동원되어서는 안 되며 구상의 타당성과 실행의 실효성이 객관적으로 면밀하게 검토되는 데 집중되어야 한다고 제안하고 있다. 정책이 구상 단계에서는 여론 조성을 위해 공적 가치를 표방하는데, 막상 실행 차원으로 넘어오게 되면 사적 이익으로부터 자유로울 수 없게 되는 현상이 실패의 원인이 되기도 한다. 이러한 실패 원인을 극복하는 데 가장 중요한 것이 교사를 주체로 내세우는 일일 것이다. 정책 구상에서 현장 안착을 위해서는 문제의식이 학교 현장에 있어야 하며, 따라서 그 속에서 교육을 행하고 있는 교사로부터 정책 아이디어가 출발해야 한다. 실행 단계에서의 타당성과 실효성은 현장에서 출발하였다면 당연히 담보되는 요건들이다. 또한 실행 단계에서 현상적으로 발생하는 사적 이익은 다시 형평의 잣대를 들이대어 재조정하고, 공적 가치를 표방하여 여론에 호소해야 할 것이다. 여론의 공정성은 때로는 퇴행으로 여겨질 수 있으나, 큰 걸음으로 걸을지, 작은 보폭으로 다수가 진일보해 나갈지의 문제이지 걸어 나가지 않을 것이라는 확정은 아니다. 공공의 영역에서 여론이 가지는 성향이 그러하다.

학교 자치의 실현은 교사에게 자율과 전문성을 안겨 줄 수 있지만, 같은 수준으로 책무와 공적 존재로 살아갈 것을 요구한다. 모든 것을 마음대로 하는 것이 아니라, 절제와 공동체의 규약 속에서 책무감을 발휘할 때 주어지는 것이 자치이다. 교육의 영역은 더욱 그러할 것이다. 또한 교사만이 교육을 다루지 않는다. 교육 행위 자체가 공교육, 공적 행위로서 지역민과 함께 일궈 내어야 하는 미래 세대에 대한 투자 행위이다. 교사·학생·학부모·지역민이 동행의 관계 속에서 비판적 사고와 참여적 실천 행위로 그려 내야 하는 우리 교육의 미래 그림일 것이다.

학교 자치에 대해 함께 성찰하는 질문

◆ 학교 자치를 위한 교사의 책무에 대해 이야기해 봅시다.
◆ 학교 자치 실현과 미래교육은 어떤 관련이 있을지 생각해 봅시다.

학교 자치 토론회 with 교육정책디자인연구소

교육정책디자인연구소 주최로 학교 자치에 대한 현장에서의 고민과 우리나라에 맞는 학교 자치 정책 방향에 대한 의견을 나누기 위한 토론회를 개최하였다. 본 책에 담은 학교 자치를 보는 다양한 시선을 안내하고, 교사의 눈으로 본 학교 자치, 학교 자치를 지원하는 제도와 교육과정에 대한 시선, 학생·학부모·시민사회 단체의 학교 자치에 대한 시선에 대해 발제한 후, 주요 주제별로 토론회를 진행하였다.

　다음은 해당 토론회에서 이야기를 나눈 학교 자치에 대한 소중한 의견을 정리한 것이다.

논제 1 : 한국형 학교 자치 권한 범위는 어디까지인가?

학교가 하나의 법인체로 존재하기 위해서는 학교 운영, 인사, 교육과정, 재정에 있어서 독립적인 의사결정과 책임을 누릴 수 있는 권한이 있어야 한다. 현재 우리나라 학교가 가져야 할 권한은 무엇이며, 어떤 권한을 어디까지 내려놓아야 할까?

학교 자치에 대한 우리나라의 상황은 외국에서 사례를 찾아볼 수 없을 정도로 해외 주요 국가와 큰 차이가 있다. 따라서 학교 자치에 대해 단기적인 로드맵과 장기적인 로드맵을 따로 적용할 필요가 있다. 장기적으로는 개별 학교의 이상적인 자치 모습을 목표로 하되, 단기적으로는 매뉴얼에 맞춘 표준화된 방법을 적용하는 것보다 현실에 공감하는 전략적인 부분도 필요해 보인다. 단순히 기존의 혁신의 재현에만 머무르지 않고, 학교 자치에 대해 창의적으로 접근하는 용기가 필요하다.

우리나라의 학교 자치를 위해서는 국가주의 중심에서 시·도 교육청 체제로 변화해야 한다. 이상적인 학교 자치의 상은 단위학교의 자율이다. 이는 완전 자치를 의미하는 것이므로 교사의 임용, 예산의 독립, 행정 권한의 자치, 교육과정 자율 등을 의미한다. 이는 단위학교의 역량 문제를 떠나서 사회의 지향점을 보여주는 것이다. 국가주의적 교육관이 먼저 수정되어야 한다.

현재 교육청은 너무 비대화되어 있다. 어떤 교육청은 싱가포르보다 규모가 크다. 이에 비해 너무 작은 시·도 교육청도 존재한다. 현재는 시·도 교육청에서 정책과 사업을 같이 생산하는 것이 문제이다. 사업이

같이 진행되면 사업에 따른 예산과 실적도 필요해진다. 그러면 도교육청의 권한이 비대화되고 사업이 많아져서 관료주의가 심화될 수 있다. 도교육청은 정책만, 지역청에서 사업을 창의적으로 생산할 수 있게 권한이 이양되어야 한다.

현재 우리나라의 영재고등학교는 이미 학교 자치가 가능한 상태이다. 일반고에 비해 엄청난 재정 지원 및 소수의 학생수, 행정 업무로부터 벗어날 수 있는 정책적 지원 등으로 우리가 꿈꾸는 학교 자치가 가능하다. 학교 자치라는 근본적인 변화를 위한 행정·재정적 지원이 있다면 가능하다는 이야기이다.

학교 자치를 위해서는 인사제도, 즉 학교장에 대한 민주적 인사제도가 필요하다. 교육 주체들이 학교장에 대해 상향식으로 평가했으면 좋겠다. 학교장이나 관리자는 왜 교사와 학생들을 처다보지 않는가? 학교장에 대한 평가권이 교육청에게 있기 때문이다. 교육 주체에 의해 평가되고 누적적으로 관리되어 그 결과가 학교장의 인사에 영향을 미쳐야 한다.

에리히 프롬(Erich Fromm)은 "민주주의 적은 관료주의다."라고 했다. 학교장은 초·중등교육법에서 말하는 장(長)이다. 학교장을 개인으로 이해하는 교사나 관리자, 관료들이 많은데, 이 의미는 개인이 아니라 기관, 공동체 거버넌스를 이야기하는 것이다. 기관이 결정 권한을 가지고 책임을 행사할 수 있다는 의미이다. 이에 대한 이해를 제대로 해야 학교 자치가 의미를 찾을 수 있다.

논제 2 : 학교 자치의 주체는 누구인가?

학교의 의사결정에서 누가 주체가 되어야 하는가? 또한 이에 동반한 책임성의 문제도 포함된다. 현행 초·중등교육법 20조 1항(학교장의 권한)과 초·중등교육법상의 학교운영위원회 운영 조항 등과 관련된 상충하는 법률 조항은 어떻게 해야 할까?

이 논의에 앞서 '시·도 교육청이 교육부로부터 이양받은 권한을 내려놓을 수 있을까?'에 대한 의문도 든다. 교육 자치의 목적이 교육감 자치가 아닐 텐데, 현재 교육청의 변화는 느껴지지 않는다. 이를 학교 자치의 동맥경화 현상이라고 부르고 싶다. 교육청 각 부서의 이기주의 및 교육청의 관료적 특성으로 쉽지 않은 부분이라고 생각한다.

학교 자치의 주체가 교육계 내부의 혁신적 교원의 역량과 헌신, 노력으로 간다면 그 자치에 반대한다. 혁신학교의 한계처럼 지금의 관료주의 문화와 구조 속에서 교육 주체의 헌신과 노력만으로는 지속가능성을 잃을 수 있다. 금방 소진되고 말 것이다. 과연 교사의 헌신과 노력으로 현재 교육계의 적폐를 청산할 수 있을지, 학교 자치로 교육 공동체가 성장하고 회복할 수 있을지 의문이다.

학교 자치의 주체는 학교 내부에 있지 않은 것 같다. 교육 자치를 이끄는 특정 그룹이 주체가 된다면 이미 그것은 자치가 아니다. 학교 자치의 주체는 교사·학부모·학생이라고 생각한다. 하지만 그것보다 더 중요한 것은 교사의 갑질, 학부모 갑질 사이의 균형된 힘이 필요하다는 점이다. 또한 변화를 싫어하고 움직이지 않으려는 그룹도 교사, 학부모 사이에 존재한다는 것을 인정해야 한다. 건강하고 깨어 있는 학부모를 반가워하지 않는 교사의 폐쇄적인 부분이 존재하며, 교사 중심으로만 학교가 운영될까 학교 자치를 걱정하는 학부모도 있다는 것을 많은 소통을 통해 깨달아야 한다. 이는 학교 자치를 향해 가는 과도기적인 과정이다. 이 과정에서 학교 주체 간의 힘의 균형이 필요하다.

현재 학부모 문화는 상류층이 독점하고 있는 상태이다. 학교라는 공적 기관을 자기 자식의 사적 이익을 위해 이용하려는 집단이 주도하고 있다고 본다. 이런 상황에서 학교 자치가 많은 학부모에게 희망을 줄 수 있지 않을까 생각한다. 하지만 교육계 내부의 노력으로 관료주의와 적폐 청산이 가능할지, 공교육 정상화가 이루어질 수 있을지는 여전히 의문이다. 이 부분은 외부의 충격이 필요한 게 아닌가 하는 생각이 든다.

학교 내에 존재하는 교원 역량과 학교 밖에 존재하는 학부모의 역량! 이들이 어떻게 만날 수 있을 것인가의 지점! 학교 자치에 희망을 건다. 협력적 관점에서 교육의 주체가 손을 잡는 접근밖에 없다.

그렇다고 학교 자치를 모든 교육 주체들의 의견의 교집합으로 규정하면 안 된다. 학교 자치에 있어서 교원의 교육적 전문성은 매우 중요하고, 일정 정도 주도적 관점으로 접근하는 것이 필요하다고 본다.

논제 3 : 학교 자치 역량, 교사에게 있는가?

일부 교육청은 교사의 학교 자치 역량을 문제로 권한을 이양하지 않겠다고 한다. 또한 일부 교사들도 학교 자치를 달가워하지 않는다. 교사에게 학교 자치 역량이 있기는 한 것일까?

누구나 자치 역량을 가지고 있다. 학생들도, 교사도 있다. 중요한 것은 그 역량을 실현할 수 있는 환경이 조성되어 있느냐의 문제라고 생각한다. 학급 자치, 학생 자치, 학교 자치를 위한 퍼실리테이션 역량을 기반으로 펼칠 수 있는 환경을 조성하고 학교 주체로서 자존감을 신장해야 한다.

우리나라는 고교 성적 기준 상위 5% 이내의 학생들이 교사가 된다. 그만큼 질적으로 우수한 집단이 교사라는 의미다. 이런 집단에서 자치 역량이 없다고 한다면 그 나라의 미래는 없는 것이다. 우리는 학교 자치 역량이 없는 게 아니라 자치 경험이 없을 뿐이다.

학교 자치의 본질적인 속성은 교사의 전문성과 학교 공동체의 민주성이라고 생각한다. 학교 자치에 대한 권한과 책임은 구조적인 문제이다. 우리는 기본적인 본질에 집중해야 한다. 역량과 전문성에 대한 부족보다 교사가 너무 바쁜 것이 문제이다. 학생에 대한 수업과 평가의 과정 및 동아리, 진로, 상담, 행정 업무까지 너무 바쁜 게 사실이다. 또한 새로운 변화에 따라 수행해야 하는 수많은 일들이 존재한다. 교육계 내외에서 뭔가 변화하려고 시도하면 교사에게는 일이 생긴다. 에너지를 또 투자해야 한다는 의미이다. 그러면 자연스럽게 수업에 투자할 에너지를 빼낼 수밖에 없는 현실이고, 학교 자치 역량이나 전문성에 대해 생각할 겨를이 없다.

학교 현장에서는 학교 자치 역량을 펼칠 수 없는 환경이다. 혁신과 변화의 과정에서 비용이 발생할 수밖에 없고, 그 비용에 대해 교사를 지원하는 지원청의 센터로의 변화가 필요해 보인다. 학교 현장에서 일어나는 문제를 해결하는 정책 위주로 교육지원청이 변화해야 한다. 교육지원청의 권한을 이양하고, 실적이나 사업 위주가 아니라 현장의 문제를 지원하는 교육지원청의 센터로서의 변화가 필요하다고 생각한다.

혁신학교 이후 학교의 큰 변화는 학교가 학생들을 보기 시작했다는 점이다. 교사가 관료의 일부, 행정 조직의 말단에서 학생들의 삶을 들여다보고 함께 걸어 나가는 변화가 나타났다. 우리 아이들이 성장해서 스스로 자립하고 공정하게 경쟁하며 살아갈 수 있는 방법을 고민하는 학부모와 교사들이 많아지고 있다. 같은 방향을 바라보며 함께 걷는 학교교육의 주체들이 서로 협력하고 노력할수록 학교 자치 역량은 신장될 수 있다고 본다.

| 참고문헌 |

제1장 학교 자치를 보는 내부 시선

1. 왜 교사는 소진되는가

원용아(2011), 단위 학교의 자율권 분석 : 지침과 공문 분석을 중심으로, 서울대학교 석사학위논문

Owens, R. G.(1987), Organizational Behavior in Education, 3rd ed. N.J.: Prentice-Hall

Weick, K.E.(1987), Organizational Culture as a Source of High Reliability, California Management Review, 29, 112-127

2. 학교 자치를 둘러싼 딜레마

김진경 외(2014), 유령에게 말 걸기, 서울: 문학동네

김혁동 외(2017), 교사 학습공동체, 서울: 즐거운학교

김현수(2013), 교사 상처, 서울: 에듀니티

박순길(2018), 학교 내부자들, 서울: 에듀니티

박재윤·강영혜·황준성·박균열·고전·김성기(2010), 학교자율화 정책의 추진 실태와 개선방안, 한국교육개발원 연구보고 RR 2010-05

장은주(2017), 시민교육이 희망이다, 서울: 피어나

정은균(2017), 학교 민주주의의 불한당들, 서울: 살림터

초등교육과정연구모임(2011). 행복한 혁신학교 만들기. 살림터.

마이클 애플(2011), 비판적 교육학과 공교육의 미래, 서울: 원미사

마이클 폴란(2016), 학교개혁은 왜 실패하는가, 서울:21세기교육연구소

앤디 하그리브스 · 데니스 셜리(2012), 학교교육 제4의 길, 서울: 21세기교육연구소

파커 J. 파머(2013), 가르칠 수 있는 용기, 서울: 한문화

3. 그래도 학교 자치가 답이다

고전(2000), 학교 자치 시대의 학교장 인력구조 및 관리, 교육행정학연구, 18(4). pp 103-137

고전(2004), 초 · 중등학교의 책무성에 대한 토론 : 한국 교육의 책무성에 한 반성과 과제, 제32차 한국교육행정학회 연차학술회 자료집, 159-164

구기욱(2016), 반영조직, KooFA BooKs

김병주 외(2010), 학교자율화 수준에 대한 교원의 인식 분석, 한국교원교육연구, 27(2), pp 73-96

김용(2012), 교육개혁의 논리와 현실, 서울: 교육과학사

김현희(2017), 왜 학교에는 이상한 선생이, 서울: 생각비행

김홍희(2003), 학교 자치운영제도를 통한 단위 학교의 책임성 확보, 한국행정학회, 12. pp 38-53

박웅현(2013), 여덟 단어, 서울: 북하우스

유경훈(2014), 혁신 고등학교 운영과정의 특징에 관한 문화기술적 사례연구: 양가성을 중심으로, 교육행정학연구, 32(4), 229-261

서경혜(2009), 교사 전문성 개발을 위한 대안적 접근으로서 교사 학습공동체의 가능성과 한계, 한국교원교육연구, 26(2), 243-276

양성관(2005), 교사 참여를 통한 학교 운영: 책임-권한부여-책무성의 순환적 개념

을 중심으로, 교육행정학연구, 23(3). pp 23-50

초등교육과정연구모임(2011), 행복한 혁신학교 만들기, 서울: 살림터

최태호(2011), 학교교육과정 자율화 정책을 통한 학교 자치 실현 가능성 탐색, 습자중심교과교육연구, 11(3). pp 277-296

한대동 · 김대현 · 김정섭 · 안경식 · 유순화 · 주철안 · 손우정 · 전현곤(2009), 배움과 돌봄의 학교공동체, 서울: 학지사

함형인 · 김기열 · 이정훈 · 김기수(2014), 기술교사 학습공동체의 참여 동기와 교수 전문성 개발에 관한 연구, 한국기술교육학회지, 14(1), 111-134

Bryk, A., Camburn, E. & Louis, K. S.(1999), Professional community in Chicago elementary schools: Facilitating factors and organizational consequences, Educational Administration Quarterly, 35(5), 751--781.

Murphy, J.(1990), Restructuring Schools: Capturing and Assessing the Phenomena, New York: Teachers, College Press, Columbia University.

http://blog.naver.com/PostView.nhn?blogId=rlatndls001&logNo=221308117167(죄수의 딜레마)

http://3mineconomy.tistory.com/28(죄수의 딜레마)

http://100.daum.net/encyclopedia/view/v140ha820a11(다음백과)

제2장 학교 자치를 보는 제도적 시선

1. 학교 자치를 지원하는 교육청의 시선

김용일(2014), 교육감의 역할과 향후 변화 전망에 관한 연구, 고려대학교교육문제

연구소, 교육문제연구, 27(4), 149-172

김용(2012), 교육개혁의 논리와 현실, 파주: 교육과학사

김규태(2012), 교육책무성 : 이론·정책·제도, 서울: 원미사

김병준(2012), 지방자치론(수정판), 파주: 법문사

김용찬 외(2006), 주민소송, 서울: 박영사

나민주 외(2008), 전국시도교육감협의회 역할 강화 방안, 충북: 지방교육연구센터

송기춘(2012), 교육감의 교육행정권한의 범위와 한계, 한국교육법연구, 9(1), 103-125

육동일(2012), 지방자치와 교육 자치의 연계를 위한 교육감 선거제도 개선에 관한 연구, 한국지방자치연구, 14(2), 129-159

교육인적자원부(2005), 교원 승진임용제도 개선방안, 교육인적자원부

김영인 외(2016), 미래학교를 준비하는 교육공무원 인사제도 혁신방안 연구, 경기도교육청

김성천(2011), 혁신학교란 무엇인가, 서울: 맘에드림

김성천 외(2014), 교원과 교육전문직원 임용제도 혁신방안 연구, 경기도교육연구원

김병찬(2000), 교사교육의 패러다임 변화, 한국교원교육연구, 17(3), 113-141

이수광 외(2016), 4·16교육체제의 비전과 전략, 경기도교육연구원

이종재 외(2004), 교원정책 혁신방안연구: 교원인사제도를 중심으로, 한국교육개발원

서정화·송영식(2004), 교원다면평가제도에 관한 연구, 한국교원교육연구, 21(1), 29-51

김용(2017), 미래지향적 학교자율운영, 어떻게 할 것인가? - 학교자율운영 2.0의 방향과 과제, 2017년 제3회 교육정책네트워크 행복교육 현장토론회 - 미래지향적 학교자율운영, 어떻게 할 것인가?, 한국교육개발원&교육정책네트워크 토론회 자료집, CRM 2017-64-03

김용일(2015. 9), 교육 자치와 지방 자치 통합의 정치학, 서울특별시의회, 입법과 정책.11, 73-93

김용일 · 김규태 · 김용 · 금여송 · 한미라(2015. 11. 18), 교육부장관과 교육감의 사무와 권한에 관한 기본법 제정 연구, 서울특별시교육정보연구원(서교연 2015-37)

김용일 · 임재훈(2012. 11. 30), 중앙과 지방 교육행정 당국 간의 갈등 해소 방안 연구, 광주광역시교육청

김재호(2004), 최근 판례에 나타난 지방자치단체의 사무와 조례제정의 법리, 충남대학교 법학연구소, 15(1), 71-88

김정빈 · 박상현(2016), 교육 자치 분야 - 교육기본법 개정안. 전국교육정책연구소 네트워크, 교육관련 법률 제 · 개정 방향 연구(공동연구), 264-282

박균열(2010), 학교자율경영제 관점에서의 학교자율화 정책 분석, 교육행정학연구, 28(2), 1-25

박세훈(2000), 단위 학교책임경영제의 조건과 성과에 관한 연구, 교육행정학연구, 18(4), 33-68

이종재 · 이차영 · 김용 · 송경오(2012), 한국교육행정론, 서울: 교육과학사

정영수 · 이차영 · 이인회 · 이혜정 · 김숙이(2011), 단위 학교 자율역량 강화 방안, 충북대학교 한국지방교육연구소 기본연구 RB 2011-1

정재균(2012), 학교 자치 운영 모델 개발, 전북교육정책연구소

정재균(2012), 학교 자치, 어떻게 실현할 것인가?, 2018년 제2회 교육정책네트워크 교육정책 토론회 자료집

정재황(1998), 교육권과 교육 자치의 공법(헌법·행정법)적 보장에 관한 연구, 교육행정학연구, 16(2), 286-335

주삼환(2006), 지방교 자치와 대학 자치, 파주: 한국학술정보

Odden E. R.&Wohlstetter P.(1995), Making School-Based Managrment Work, Educational Leadership, 52(5), 32-36

Sergiovanni, T. J.(1994), Building Community in Schools, San Francisco :Jossey-Bass Publishers

4. 학교 자치와 지방자치단체의 연계

김용·이차영·고전(2013. 12), 지방교육 자치 활성화 방안 연구, 경기도교육청

제3장 학교 자치를 보는 바람의 시선

1. 학생이 함께하는 학교 자치

서영선(2018), 학교 구성원이 바라는 학교 자치와 교육청의 지원(현장 리포트)

염경미(2018), 선생님, 민주시민 교육이 뭐예요?, 서울: 살림터

이민영·백원석·조성현(2017), 학생 자치를 말하다, 서울: 에듀니티

이우학교(2015), 함께 여는 교육 vol 22

이영근(2018), 초등 자치, 서울: 에듀니티

정은균(2017), 학교 민주주의의 불한당들, 서울: 살림터

2. 학부모가 바라는 학교 자치

국가평생교육진흥원(2017), 학부모 교육참여 우수사례집, 교육부 외

김혁동(2018), 학부모 교육의 방향과 과제(이슈 리포트), 교육정책디자인연구소

김흥회(2007), 학교 자치 경영, 한국학술정보(주)

박윤정(2006), 학교 경영과 교육 자치, 한국학술정보(주)

서영선(2018), 학교 구성원이 바라는 학교 자치와 교육청의 지원(현장 리포트)

오재길 외(2016), 학부모 교육 주체화 방안 연구, 경기도교육연구원

정은균(2017), 학교 민주주의의 불한당들, 서울: 살림터

3. 시민사회가 바라는 학교 자치

김용련(2015), 지역사회 기반 교육공동체 구축 원리에 대한 탐색적 접근 : 복잡성 과학, 사회적 자본, 교육거버넌스 원리 적용을 중심으로, 교육행정학연구 33(2), 259-287

서용선 외(2013), 혁신교육 미래를 말한다, 서울: 맘에드림

오욱환(2013), 사회자본의 교육적 해석과 활용 : 콜먼으로부터 그리고 그를 넘어서, 교육과학사

Thomas J. Sergiovanni(2004), 학교공동체 만들기, 서울: 에듀케어

학교 자치를 둘러싼 다양한 시선
학교 자치

2018년 10월 31일 초판 1쇄 발행
2019년　1월 14일 초판 2쇄 발행

지은이 | 김성천, 김요섭, 박세진, 서지연, 임재일, 홍섭근, 황현정(교육정책디자인연구소)
펴낸이 | 이형세
책임편집 | 송진아
디자인 | 권빛나
인쇄 · 제본 | 제이오엘앤피
펴낸곳 | 테크빌교육(주)
주소 | 서울시 강남구 언주로 551, 프라자빌딩 5층/8층
전화 | 02-3442-7783(333)
팩스 | 02-3442-7793
ISBN | 979-11-6346-004-6 03370
정가 | 15,000원